Matthias Müller-Michaelis

CHECKLISTEN
EXISTENZ
GRÜNDUNG

*Das sollten Sie wissen, wenn Sie sich
selbstständig machen wollen*

SÜDWEST

INHALT

Die ersten Schritte als eigener Herr 29

ERFOLGREICHE UNTERNEHMENSGRÜNDUNGEN JEDEN TAG!

Warum nicht auch Sie?

In jedem Jahr wagen Zigtausende den Schritt in die Selbstständigkeit – allerdings nur jeder Zweite mit Erfolg. Aber selbst das sind immer noch etwa 600 erfolgreiche Neugründungen pro Werktag; eine beeindruckende Zahl! Dennoch darf man eines nie außer Acht lassen: Einerseits davon zu träumen, sein eigener Herr und nie mehr von den Entscheidungen anderer abhängig zu sein, und andererseits den täglichen Kampf als Unternehmer zu bestehen – dazwischen liegen Welten.

Mut zum finanziellen Risiko, Phantasie für eine erfolgreiche Geschäftsidee und die Bereitschaft zu sehr viel Verzicht gehören zu den ersten Dingen, die jeder mitbringen sollte, der den Schritt in die Selbstständigkeit in Erwägung zieht. Genauso wichtig sind aber auch die richtigen Partner (egal, ob privat oder beruflich), die richtigen Berater (nicht die ersten besten aus dem Telefonbuch) und die richtigen Geldgeber (die eigene Bank sollte nie der einzige Gesprächspartner bleiben).

Realistisch planen

Dieses Buch will Ihnen bei Ihren ersten Schritten helfen. Es soll aber nicht einfach nur ein unkritischer »Mutmacher« sein, der Ihnen goldene Berge verspricht, sondern vor allem dazu beitragen, dass Sie konstruktiv und manchmal auch ein bisschen kritisch mit Ihren Ideen umgehen. Denn schließlich haben Sie vor, alles aufs Spiel zu setzen, was Sie haben: Ihre Existenz. Das heißt, es gilt, eine Vielzahl von Risiken auszuschalten und zu bedenken. Gerade auf diese Punkte wird im vorliegenden Ratgeber besonders sorgfältig hingewiesen.

Zahlreiche Checklisten, Tests, Tabellen und Übersichten sorgen zudem dafür, dass Sie schon jetzt so verfahren müssen wie in Ihrem zukünftigen Berufsleben: alles selber machen und selbst entscheiden. Niemand sagt Ihnen mehr, was Sie tun müssen – Sie allein entscheiden!

Mögen Sie in Ihrer Selbstständigkeit und als Unternehmer immer die richtigen Entscheidungen treffen!

Matthias Müller-Michaelis

DIE SELBSTSTÄNDIGKEIT ERST EINMAL AUSPROBIEREN

Wie ernst ist es Ihnen mit der Selbstständigkeit? Sind Sie bereit, Opfer zu bringen? Und besitzen Sie auch das richtige Maß an Härte, um auf dem freien Markt durchzuhalten?

Testen Sie sich. Entwickelt wurden die folgenden Fragen und Antwortmöglichkeiten, bei denen Sie sich für eine der Alternativen entscheiden müssen, von einem Psychologenteam. Lassen Sie sich nicht viel Zeit (max. fünf Sekunden pro Frage), und agieren Sie wie selbstständige Geschäftsleute, die täglich blitzschnell entscheiden müssen, ohne sich auf andere verlassen zu können. Mogeln Sie nicht. Sie belügen sonst nur sich selbst, nicht andere. Nehmen Sie sich eine knappe Minute als Einstieg zu einem neuen Leben.

Stimmt Ihre Einstellung?

⚡ Blitztest: Auf eigenen Füßen stehen – für Sie der richtige Weg?

Stellen Sie sich auf die Probe	Punkte einer der beiden Antworten notieren	
Wie wichtig ist Ihnen finanzielle Sicherheit, das feste Einkommen, mit dem Sie planen können?	**wichtig** *5 Punkte*	**nicht so wichtig** *9 Punkte*
Ein alter Freund ist arbeitslos. Er ist zwar zuverlässig, kennt sich aber in Ihrer Branche nicht aus. Stellen Sie ihn ein?	**eher nein** *5 Punkte*	**eher ja** *4 Punkte*
Wie viel Arbeitszeit wären Sie pro Woche bereit, in Ihre Selbstständigkeit zu investieren?	**so viel wie bisher** *2 Punkte*	**mehr als 60 Stunden** *9 Punkte*
Haben Sie für das nächste Jahr schon Urlaub geplant, auf den Sie nicht verzichten würden?	**ja** *2 Punkte*	**nein** *7 Punkte*

Stellen Sie sich auf die Probe	Punkte einer der beiden Antworten notieren	
Sind Sie bisher als Arbeitnehmer immer mit Ihren Kollegen gut ausgekommen?	**ja, gut** *6 Punkte*	**eher nicht** *5 Punkte*
Steht Ihr/e Lebenspartner/in voll hinter Ihren Selbstständigkeitsplänen?	**ja** *6 Punkte*	**geht so – nein** *9 Punkte*
Was hat Ihnen bisher in Ihrem Beruf am meisten an den Nerven gezerrt?	**Stress** *3 Punkte*	**Langeweile** *7 Punkte*
Was meinen Sie: Wie hoch ist der durchschnittliche Verdienst eines Unternehmers an jeder als Umsatz eingenommenen Mark?	**unter 20 %** *7 Punkte*	**über 20 %** *3 Punkte*
Wie oft hat Ihr Arzt Sie in den letzten sechs Monaten arbeitsunfähig/krank geschrieben?	**ein Mal oder gar nicht** *9 Punkte*	**mehr als ein Mal** *6 Punkte*
Wie sieht es mit Ihrem Eigenkapital für die Unternehmensgründung aus? Haben Sie womöglich schon darauf gespart?	**ja** *6 Punkte*	**nein** *5 Punkte*
Gesamtpunktzahl:		

Auswertung:

58 Punkte und mehr

Je höher die Punktzahl liegt, umso mehr sind Sie motiviert, bereit, Opfer zu bringen (finanzielle, Freizeit) und belastbar (lange Arbeitszeit). Ihre Einstellung stimmt. Jetzt fehlt nur noch die richtige Beratung.

Weniger als 58 Punkte

Je niedriger die Punktzahl ist, desto klarer wird, dass Sie sich noch nicht ganz schlüssig sind. Anhand der nächsten Kapitel sollten Sie sich selbstkritisch fragen: Sind Sie tatsächlich bereit, in den nächsten Jahren auf vieles (Freizeit, Urlaub, Geld) zu verzichten? Und bedenken Sie, jeder Tag, an dem Sie in Zukunft wegen Krankheit ausfallen würden, ist ein Tag ohne Einnahmen. Vielleicht bietet Ihnen schon das nächste Kapitel die Möglichkeit zum ersten Schritt – mit geringerem Risiko.

SELBSTSTÄNDIGKEIT ALS NEBENJOB

Der Sprung ins kalte Wasser ist weniger schockartig, wenn man die Selbstständigkeit mit einem Nebenjob startet. Ohne großes Risiko, den festen Monatsverdienst im Rücken, baut man seine neue Existenz vorerst in ein paar Stunden pro Woche auf. Sie können auf diese Weise herausfinden, ob sich Aufwand und Ertrag lohnen. Ob die Tätigkeit für Sie die richtige ist und – ganz wichtig – ob eine wirtschaftliche Zukunft in der von Ihnen gewählten Branche wahrscheinlich erscheint. Erst dann sollten Sie vom Nebenjob in die Selbstständigkeit wechseln.

Mit einem Nebenjob starten

⚡ Blitztest: die arbeitsrechtlichen Probleme von Nebenjobs	
Untersagt ...	... werden können Nebentätigkeiten z. B. bei einer zu starken Inanspruchnahme des betreffenden Arbeitnehmers. Und die gilt schon als gegeben, wenn die Nebentätigkeit mehr als acht Stunden pro Woche ausgeübt wird.
Keine Probleme ...	... mit der dienstlichen Genehmigung von Zweitjobs gibt es, wenn es sich dabei um künstlerische, wissenschaftliche oder Vortragstätigkeiten handelt.
Angestellte im öffentlichen Dienst ...	... sind an dieselben Bestimmungen gebunden. In ihren Grundzügen gelten sie auch für die Landesbeamten, obwohl dafür die eigenständigen Landesgesetze maßgebend sind. In jedem Fall sollte durch die Personalvertretung geklärt werden, ob für die gewählte Tätigkeit Genehmigungspflicht besteht.

Der Chef muss gefragt werden, darf aber kaum ablehnen

Das Grundgesetz garantiert die freie Wahl des Arbeitsplatzes. Deshalb gibt es auch für Nebenverdienste nur wenige grundsätzliche Beschränkungen. In Einzelfällen kann eine Nebenbeschäftigung per Gesetz oder vom Arbeitgeber untersagt werden. Das kann der Chef aber nicht mit Pauschalformulierungen in Arbeitsverträgen verbieten, nach denen man seine ganze Arbeitskraft einbringen muss und nicht nebenher arbeiten darf.

Nebenbeschäftigung genehmigungspflichtig? Dieser pauschale Hinweis ist im Zweifelsfall selten gültig. Sinnvoll ist es aber auf alle Fälle, den Chef über die Nebentätigkeit zu informieren. Das Bundesarbeitsgericht tendiert nämlich in seiner Rechtsprechung immer mehr dahin, dass bei einem Nebenverdienst grundsätzlich die Zustimmung des Arbeitgebers vorliegen muss (Aktenzeichen 6 AZR 314/95). Die Zustimmung kann aber in den meisten Fällen von Ihrem Chef kaum verweigert werden.

Angehörige des öffentlichen Dienstes benötigen grundsätzlich eine Genehmigung ihres Dienstherrn, wenn sie einen Nebenverdienst annehmen wollen.

☑ Checkliste: Haupt- und Nebenjob – wann droht Ärger mit dem Boss?	
Sie haben vor, …	**Ihr Chef kann …**
… sich beim Hauptkonkurrenten Ihres Arbeitgebers etwas nebenbei zu verdienen, beantworten diesem gegenüber womöglich Fragen zum Hauptjob.	… das nicht nur verbieten, er kann Sie sogar fristlos feuern. Denn so eine Mischung aus Betriebsspionage und geschäftsschädigendem Verhalten muss er sich nicht bieten lassen.
… nebenbei Pornos zu drehen, und sind im Hauptberuf Schlosser.	… Ihnen das nicht verbieten, weil Sie keinen Kundenkontakt haben und Ihre persönliche Moral ihn nicht zu interessieren hat.

Sie haben vor, ...	Ihr Chef kann ...
... nebenbei Pornos zu drehen, und sind im Hauptberuf Kundenberater/in einer Bank.	... Ihnen das verbieten, weil es das Ansehen seiner Bank schädigen könnte, wenn ein/e seriöse/r Berater/in sich so zur Schau stellt.
... auf Flohmärkten am Wochenende Ihre selbst getöpferten Gefäße zu verkaufen.	... nichts dagegen haben, denn selbst wenn Sie ein miserabler Künstler wären, schädigte das Ihren Hauptarbeitgeber in keiner Weise.
... dreimal pro Woche direkt nach Dienstschluss sechs Stunden lang in einer Bar zu jobben.	... das verbieten, weil eine tägliche Maximalarbeitszeit von zehn Stunden laut Arbeitszeitordnung auch in der Mischung von Hauptberuf und Nebenjob nicht überschritten werden darf.
... morgens – noch vor Ihrem bisherigen Arbeitsbeginn – putzen zu gehen.	... Ihnen Ärger machen, weil er einen Anspruch darauf hat, dass Sie Ihre Arbeit morgens in möglichst frischem Zustand antreten.
... am Wochenende nebenbei als Lehrer im Fallschirmspringen zu arbeiten, und sind ansonsten Einzelhandelskaufmann.	... auch das untersagen, weil Sie damit einem höheren Gesundheits- und Verletzungsrisiko unterlägen und er durch mögliche Fehlzeiten direkt betroffen wäre.
... sich mit Nacktaufnahmen etwas dazuzuverdienen.	..., wenn es sich nicht um pornografische Aufnahmen handelt, kaum etwas dagegen haben, denn er soll sich – so meinten sogar Arbeitsrichter aus dem eher biederen Passau – nicht als Sittenrichter aufspielen.
... während einer Krankschreibung in einem anderen Ganztagsjob eine Mark nebenbei zu verdienen.	... Ihnen fristlos kündigen, weil man mit gelbem Schein absolut nirgendwo arbeiten darf.

Sie haben vor, ...	Ihr Chef kann ...
... im Herbsturlaub einen Golfkursus in Ihrem Club anzubieten.	... dagegen kaum etwas einwenden, denn es handelt sich hier eher um ein sportliches Vergnügen als um harte Arbeit.
... im Sommerurlaub einer Zehn-Stunden-Schicht in der Gaststätte Ihrer Cousine an der Nordsee nachzugehen.	... das verbieten, weil Sie damit dem eigentlichen Sinn des Urlaubs, nämlich der Erholung und Wiederherstellung Ihrer Arbeitskraft, zuwiderhandeln.
... sich im Nebenerwerb in derselben Branche wie bisher auf eigene Füße zu stellen.	... Sie feuern, weil Sie ihm Konkurrenz machen wollen und dazu Fähigkeiten und womöglich auch noch Kontakte nutzen, die Sie bei ihm erwarben.

Was sich der Fiskus schnappt

Grundsätzlich sind auch Nebeneinkünfte steuerpflichtig, und so müssen Sie für Ihre Nebentätigkeit beim Finanzamt eine **Zweite Steuerkarte** zweite Steuerkarte beantragen, die automatisch mit Steuerklasse sechs (VI) versehen wird. Das bedeutet einen sehr hohen Steuerabzug auch schon bei relativ geringen Nebenverdiensten. Ab sechs Mark monatlich würde Ihnen auf diese Weise schon Geld abgezogen – in diesem Fall wären es 90 Pfennig oder 500 DM Abzug bei 2.000 DM Verdienst. Sozialabgaben kommen noch obendrauf. Das lohnt sich nur, wenn Sie sich über die Einkommensteuererklärung (früher: Lohnsteuerjahresausgleich) am Jahresende Geld vom Finanzamt zurückholen. Dann werden die Einkünfte auf allen Steuerkarten sowie sonstige Einnahmen zusammengerechnet und daraus die zu zahlende tatsächliche Lohnsteuer ermittelt. **Werbungskosten** Dabei sollten Sie sich helfen lassen (evtl. Steuerberater): Denn alle mit dem zusätzlichen Einkommen in Verbindung stehenden Werbungskosten sind wiederum abzugsfähig. Und es wäre schade, wenn dabei etwas übersehen würde.

Nicht selbstständiger Nebenjob – pauschaler Steuerabzug möglich

Es gibt aber noch eine andere Möglichkeit: Wenn Ihr Nebenjob-Arbeitgeber einverstanden ist, kann die Lohnsteuer pauschal (in Höhe von 15,7 Prozent zzgl. Solidaritätszuschlag des Nebeneinkommens) abgeführt werden. Sie bräuchten dann keine zweite Steuerkarte. Der pauschale Lohnsteuerabzug darf jedoch nur dann vorgenommen werden, wenn folgende Bedingungen erfüllt sind:

Pauschaler Lohnsteuerabzug

Bedingungen für einen pauschalen Steuerabzug den Nebenjob betreffend		
Die Nebentätigkeit darf nur eine **Teilzeitbeschäftigung in geringem Umfang** oder gegen geringes Entgelt darstellen. Das ist gegeben, wenn Sie nicht mehr als 20 Stunden pro Woche arbeiten und maximal 620 DM (Ost: 520 DM) im Monat verdienen.	Diese Vorschriften über den pauschalen Lohnsteuerabzug gelten übrigens auch dann, wenn Sie außer der Nebentätigkeit **kein eigenes Einkommen** haben, also z. B. Hausfrau oder Schüler bzw. Student sind.	Die genannten Verdienstgrenzen bei Nebeneinkünften gelten auch für den öffentlichen Dienst. Allerdings sind bei Nebentätigkeiten von **Beamten und Angestellten des öffentlichen Dienstes** einige Besonderheiten zu beachten. So wird z. B. verlangt, dass alle Nebentätigkeiten gegen Bezahlung genehmigungspflichtig sind.

Arbeitslos mit nicht selbstständigem Nebenjob

- Grundsätzlich hat auch ein Arbeitsloser das Recht, sich eine Mark dazuzuverdienen, während er vom Arbeitsamt Geld bekommt. Ohne Anrechnung auf die bisherige Leistung können bis zu 20 Prozent der monatlichen Arbeitsamtsleistung eingenommen werden. Die Höchstgrenze

Arbeitsamt

für Nebeneinkünfte liegt bei 620 DM im Monat (mit pauschalisierten Steuerabzügen, ohne Sozialabgaben).

Arbeitsförderungsgesetz

Folgendes ist zu beachten: Das Arbeitsförderungsgesetz bestimmt, dass grundsätzlich jeder Arbeitslose einen solchen Nebenverdienst dem Arbeitsamt unaufgefordert und unverzüglich melden muss, damit Einnahmen über diesem Prozentsatz mit der bisher bezogenen Leistung verrechnet werden können.

• Der Nebenarbeitnehmer muss den von der Bundesanstalt für Arbeit herausgegebenen, beim Arbeitsamt erhältlichen Vordruck für die Bescheinigung des Nebeneinkommens seinem Nebenchef vorlegen.

• Gleichzeitig muss der Nebenarbeitgeber dem arbeitslosen Leistungsempfänger eine Bescheinigung über das Nettoeinkommen ausstellen.

Wöchentliche Arbeitszeit: max. 15 Stunden

• Die wöchentliche Arbeitszeit bei so einem unselbstständigen Nebenjob darf 15 Stunden nicht überschreiten. Geschieht das doch, werden die Leistungen vom Arbeitsamt gestrichen, der Job als volle Arbeitsstelle bewertet.

• Sprechen Sie mit Ihrem Berater beim Arbeitsamt darüber, welche Nebenverdienste in Ihrem persönlichen Fall ohne Kürzung der Leistungen nach dem Arbeitsförderungsgesetz möglich sind. Das lohnt sich auch schon vor Aufnahme der Tätigkeit. In Ihrem eigenen Interesse kann ich Ihnen nicht empfehlen, Nebenverdienste ohne Information des Arbeitsamtes einzustreichen.

• Beim Arbeitsamt kommt der Versuch eines Leistungsempfängers, dazuzuverdienen normalerweise sehr gut an, weil dadurch deutlich wird, dass der Betroffene wirklich arbeitswillig ist.

Selbstständige Nebentätigkeit – auch hier ist der Fiskus dabei

Der Vollständigkeit halber habe ich bis jetzt über nicht selbstständige Nebenjobs geschrieben. Es kann ja sein, dass Sie auf diese Weise starten. Doch das eigentliche Thema ist die Selbstständigkeit. Ob Sie nun nebenbei als Bürokraft zu Hause ar-

14

beiten oder sich einen Lolli-Verkaufsstand auf dem Wochenmarkt zulegen oder eine eigene T-Shirt-Produktion starten – einer freut sich ganz sicher, wenn Ihr Geschäft gut läuft: der Finanzminister. Denn jede Mark, die man durch Fleiß und zusätzliche Arbeit verdient, muss versteuert werden.

Die wichtigsten Regeln für den selbstständigen Nebenjob hier auf einen Blick:

- Wenn Sie ein Gewerbe (beim Wirtschaftsamt) anmelden, Eigenkapital einsetzen, über Aufträge selbst entscheiden, Rechnungen schreiben – und fürs Finanzamt eine jährliche Gewinn-und-Verlust-Rechnung aufstellen (vielleicht jedoch eher mit Hilfe eines Steuerberaters) –, ist der Amtsschimmel glücklich und von Ihrer Selbstständigkeit überzeugt. *Gewinn- und-Verlust-Rechung*

- Auf der anderen Seite haben Sie aber nicht nur Pflichten. Ihr Recht ist es z. B., ab jetzt alle Ausgaben, die mit dem Nebenjob zusammenhängen, bei der Steuer anzugeben. Der Kauf von Werkzeug gehört ebenso dazu wie die Kosten, die Ihr Auto verursacht, geschäftliche Reisen oder Restauranteinladungen für Kunden. Da kommt schon ganz schön was zusammen.

- Dabei ist es wichtig zu wissen, dass Sie in den ersten zwei Jahren dieser Selbstständigkeit im Nebenjob beim Finanzamt mehr Ausgaben als Einnahmen melden dürfen. Das heißt, wenn Ihr Nebenerwerb Sie anfangs mehr kostet, als er Ihnen einbringt, werden die Verluste steuerlich auf Ihr Haupteinkommen angerechnet, und Sie sparen auch dort Steuern. Spätestens im dritten Jahr sollten Sie aber auf alle Fälle Gewinne machen, sonst spielt auch das Finanzamt nicht mehr mit. *Höhere Verluste als Einnahmen*

Wichtig! Jede Rechnung oder Quittung, die Sie selbst schreiben, kann zu Nachfragen des Finanzamts bei Ihnen führen. Wer die Einnahmen beim für ihn zuständigen Finanzamt nicht angibt, muss Steuern nachzahlen und bekommt obendrein eine Strafe.

MELDEN SIE IHREN NEBENJOB LIEBER AN

Zahlreiche Versicherungen, die man fürs Privatleben abge-schlossen hat, basieren auf den normalen Risiken. Dazu gehören nicht automatisch solche, die mit selbstständigen Tätigkeiten oder gewerblicher Nutzung, z. B. des Autos, ver-bunden sind.

Wer sein bisher nur privat genutztes Auto künftig »gewerb-lich« (z. B. für Warentransporte oder Kurierfahrten) einsetzt, sollte sicherstellen, dass auch dann voller Versicherungs-schutz gegeben ist.

Versicherungsschutz

✉ **Musterbrief:**
Benachrichtigung der Kfz-Versicherung über
die Aufnahme einer Nebentätigkeit

Paul Mustermann
Lindenstraße
30559 Hannover

An die Versicherung
Pech & Schwefel AG
Fontanestraße
50670 Köln   Hannover, den …

Meine XX-Versicherung bei Ihnen unter der
Nummer …

Sehr geehrte Damen und Herren,

auf diesem Wege möchte ich Sie, um meinen Obliegen-heiten hinsichtlich der Anzeige möglicher Gefahrenerhö-hung vorsorglich nachzukommen, darüber informieren, dass ich die Aufnahme einer Nebentätigkeit plane, die ich

---

unter Einsatz des bei Ihnen versicherten Fahrzeugs aus-
üben werde.
Bei der Nebentätigkeit handelt es sich um Kurierdienste,
die ich täglich zwischen 18 und 21 Uhr anbiete.
Ich transportiere mit meinem privaten Pkw hierbei aus-
schließlich Briefe und Pakete. In keinem Fall befördere ich
Personen.
Ich gehe davon aus, dass ungeachtet dessen der Versi-
cherungsschutz in vollem Umfang und zu den gleichen
Konditionen fortbesteht.

Mit freundlichen Grüßen

Paul Mustermann

Aber auch bei einer Reihe anderer privater Versicherungen
kann die Aufnahme einer selbstständigen Nebentätigkeit
von Bedeutung sein:
- Lebensversicherung
- Unfallversicherung
- Berufsunfähigkeitsversicherung
- Krankenversicherung
- Haftpflichtversicherung

Durch die selbstständige Tätigkeit kann sich nämlich eine Ri-
siko- oder Gefahrenerhöhung ergeben, die vom bisherigen **Gefahren-**
Versicherungsschutz nicht erfasst wird. **erhöhung**
Deshalb ist es sinnvoll, alle Sie betreffenden Versicherungs-
gesellschaften anzuschreiben, auf die selbstständige Tätigkeit hinzuweisen und eventuell die sich ergebende »Gefahrenerhöhung« nachzumelden.
Diese Gefahrenerhöhung kann man mit einem Brief in der
folgenden Form mitteilen:

17

✉ Musterbrief:
Info an Ihre anderen privaten Versicherungen

Paul Mustermann
Lindenstraße
30559 Hannover

An die
Ach & Krach GmbH
Unfallversicherung
Blutenburgstraße
80636 München   Hannover, den …

Meine Versicherung bei Ihnen unter der Nummer…

Sehr geehrte Damen und Herren,

auf diesem Wege möchte ich Sie, um meinen Obliegenheiten hinsichtlich der Anzeige möglicher Gefahrenerhöhung vorsorglich nachzukommen, darüber informieren, dass ich die Aufnahme einer Nebentätigkeit plane.

Bei der Nebentätigkeit handelt es sich um Kurierdienste, die ich täglich zwischen 18 und 21 Uhr anbiete. Ich transportiere mit meinem privaten Pkw hierbei ausschließlich Briefe und Pakete. In keinem Fall befördere ich Personen.

Ich gehe davon aus, dass ungeachtet dessen der Versicherungsschutz aus der bei Ihnen geführten Police in vollem Umfang und zu den gleichen Konditionen fortbesteht.

Mit freundlichen Grüßen

Paul Mustermann

Die entsprechende Informationspflicht ist natürlich davon abhängig, was Sie im Nebenerwerb tun werden. Kommen wir nochmals auf das Beispiel mit dem Nebenjob als Lehrer fürs Fallschirmspringen zurück. Das würde natürlich für Ihre Lebens-, Berufsunfähigkeits- und Unfallversicherung ganz eindeutig ein erhöhtes Risiko bedeuten.

Informations-pflicht

Transportieren Sie aber beispielsweise nebenberuflich wertvolle Kristallvasen, interessiert das nur die Auto- und Ihre Haftpflichtversicherung. Die Versicherung für den Pkw wäre betroffen, weil Sie durch die Lieferfahrten wesentlich mehr Kilometer zurücklegen (betrifft besonders Versicherte, die bei Vertragsabschluss eine bestimmte Kilometerpauschale angegeben haben) und mehr im Straßenverkehr unterwegs und deshalb per se unfallgefährdeter sind. Ihre private Haftpflichtversicherung wäre z. B. bei Bruchschäden, die Sie verursachen, betroffen und müsste informiert werden.

Bei manchen Versicherungen wird man versuchen, daraufhin Ihre Beiträge zu erhöhen. Im Einzelfall müssten Sie sich mit einem Anwalt besprechen. Oft schützen Sie sich aber durch die Musterbriefe vor finanziellen Nachteilen im Schadensfall und vor Auseinandersetzungen.

Beitrags-erhöhung

Wichtig! Wer lediglich abends zu Hause Schreibarbeiten übernimmt, muss dieses geringe Risiko natürlich gar keiner Versicherung melden.

So sieht es aus mit dem Verdienst im Nebenerwerb

Das Ende aller Illusionen: Grundsätzlich gilt, dass für nicht selbstständige Nebenjobs selten mehr als 20 DM pro Stunde gezahlt werden. Meistens liegen die Stundenverdienste um die 15 DM. Vielleicht bringen Trinkgelder noch zusätzlich was ein. Allerdings habe ich in der folgenden Übersicht bei den Anhaltspunkten für den Verdienst in »Trinkgeld-Jobs« den dort erzielbaren Durchschnitt gleich dem Stundensatz hinzugerechnet.

Bei den Selbstständigen sieht's schon etwas besser aus. Auch das geht aus meiner Übersicht hervor. Da können 20 DM pro Stunde fast als Untergrenze angesehen werden. Für die schon angesprochene Übersicht wurden übrigens Angaben aus den jeweiligen Branchen, von Arbeits- und Finanzämtern ausgewertet. Trotzdem können sich im Einzelfall Abweichungen ergeben.

VORAUSSETZUNGEN UND CHANCEN IN VERSCHIEDENEN BRANCHEN

Verdienst im Nebenerwerb

Ich habe in meiner Übersicht überwiegend die Jobs zusammengetragen, die vielerorts existieren. Die Liste enthält jedoch auch einige außergewöhnlichere Tätigkeiten, gedacht als kleiner Hinweis, die eigene Phantasie zu nutzen. Bestimmt fällt Ihnen noch was ein, worauf zumindest in Ihrer Stadt noch niemand gekommen ist.

⚡ Blitzübersicht: Nebenjobs von A bis Z

Tätigkeit	Voraussetzungen	Besonderheiten	Jobchancen	Verdienst
Altenpflege	keine, evtl. eigener Pkw	auch stundenweise, lohnt sich auf selbstständiger Basis (nur mit Examen)	sehr gut, bei Pflegediensten z. T. geringe Bezahlung, dafür evtl. Pkw-Benutzung	10 bis 25 DM (pro Stunde)
Barmann/ -frau	Tresenerfahrung	gute Chancen, wenn man weiß, dass Highball keine Sportart ist	gut, auch als Aushilfe in Hotel- und Cocktailbars	15 bis 35 DM (pro Stunde)

20

Tätigkeit	Voraus-setzungen	Besonder-heiten	Job-chancen	Verdienst
Buch-führungs-helfer/in	Fach-kenntnisse	selbststän-dige Tätig-keit mit Computer und Soft-ware (ca. 3.000 DM Startkapital)	gut, wenn Referenzen vorgewie-sen werden können	12 bis 25 DM (pro Stunde)
Computer-lehrer/in	Fach-kenntnisse	Unterwei-sung von Privatleu-ten, Klein-unterneh-mern auf selbststän-diger Basis	gut als Privatlehrer (Kleinan-zeige), mäßig bei Kursanbie-tern, Com-puterfirmen	15 bis 25 DM (pro Stunde)
EDV-Sys-tembe-treuer/in	Fachwissen	Betreuung von EDV-Anlagen in Kleinunter-nehmen, Software- und Daten-pflege auf selbststän-diger Basis	gut, wenn man sich selbst Kunden per Klein-anzeige sucht	mindes-tens 50 DM (pro Stunde)
Fahrrad-kurier	sportliche Kondition	selbststän-dig, An-schluss an Kurierzen-trale	nur in der City und für Leute, die keine Verkehrs-regeln mögen	14 bis 25 DM (pro Stunde)
Finanz-oder Versiche-rungs-berater/in	keine, Schnell-kursus	wer Eski-mos Kühl-schränke verkaufen kann, hat Erfolg, aber meist nur für kurze Zeit	sehr gut, bei Ver-mittlungs-firmen, Allfinanz-Agenturen	100 bis 400 DM (pro Vertrag)

21

Tätigkeit	Voraussetzungen	Besonderheiten	Jobchancen	Verdienst
Fotograf	Fachkenntnisse	nur für Hobbyexperten mit entsprechender Ausrüstung	Jobs (auf Familienfeiern, bei Hochzeiten usw.) über Kleinanzeigen suchen	100 bis 400 DM (pro Job)
Fotomodell	keine, denn es gibt sogar schon Agenturen für »normale Menschen«	nicht nur Schönheit, sondern auch Typ ist gefragt	mäßig, Modellagenturen (siehe Branchenbuch), Künstlerdienst (Arbeitsamt) abfragen, selbstständige Tätigkeit auf freiberuflicher Basis	250 bis 800 DM (pro Job)
Grab-, Festredner/in	Talent, seriöses Auftreten	Kundensuche über Inserate, selbstständige Tätigkeit als Freiberufler	gut, wenn Referenzen vorzuweisen sind	80 bis 300 DM (pro Job)
Handelsvertreter/in	Produktkenntnisse	meist auf selbstständiger Basis mit kleinem Fixum und Umsatzbeteiligung	meist nur zeitweise für Produkteinführungen (Jobs im Anzeigenteil)	15 bis 30 DM (pro Stunde)
Haushaltshilfe	keine	Kunden selbst per Kleinanzeige suchen	gut, wenn man nicht nur putzt, sondern auch Besorgungen erledigt	13 bis 18 DM (pro Stunde)

Tätigkeit	Voraussetzungen	Besonderheiten	Jobchancen	Verdienst
Interviewer/in	gutes Auftreten	überwiegend direkte Befragung (Hausbesuche), seltener sind Jobs am Telefon	gut bei Markt- und Meinungsforschungsinstituten	13 bis 20 DM (pro Stunde)
Kellner/in	keine, außer gute Füße	gute Chancen, wenn man flexibel einspringen kann	mäßig, viele Jobs, aber noch mehr Bewerber	12 bis 30 DM (pro Stunde)
Krankenpfleger/in	Fachkenntnisse	zumindest einen Kurzlehrgang (Rotes Kreuz) sollte man besucht haben	gut für private Auftraggeber (per Anzeige) auf selbstständiger Basis, bei Pflegediensten (wenig Geld)	13 bis 18 DM (pro Stunde)
Küchenhelfer/in	keine	meist einfachste Hilfsarbeiten (z. B. Spülen) in Hotels, im Partyservice	mäßig, weil große Konkurrenz durch billige, illegale Arbeitskräfte	5 bis 12 DM (pro Stunde)
Kurierfahrer	eigener Pkw	selbstständiger Job, hohe Fixkosten (Auto, Funk, Provision für Zentrale)	nur gut in Großstädten und Ballungsräumen, Verdienst wird oft überschätzt	10 bis 25 DM (pro Stunde)

Tätigkeit	Voraus-setzungen	Besonder-heiten	Job-chancen	Verdienst
Lager-helfer/ Packer	keine	oft nur stunden-weise, schwere Arbeit	mäßig, große Konkur-renz durch Schüler, in Super- und Groß-märkten	8 bis 12 DM (pro Stunde)
Mietkoch/ -köchin	Fach-kenntnisse	Kunden (Gastgeber von Privat-partys) über Klein-anzeigen suchen, selbststän-dige Tätig-keit	mäßig, Suche nach einem fes-ten Kun-denkreis (Mundpro-paganda) erfordert Zeit	15 bis 20 DM (pro Stunde)
Nachhilfe-lehrer/in	Fachwissen	Privat-unterricht auf eigene Rechnung, z. T. an Sprach- oder Abend-schulen	gut, wenn man in der Lage ist, Wissen zu vermitteln	15 bis 25 DM (pro Stunde)
Paketsor-tierer/in	keine	nur, wenn regelmäßig zu festen Zeiten gear-beitet wer-den kann (abends, nachts)	sehr gut bei Spedi-tionen, pri-vaten Pa-ketdiens-ten (z. B. UPS, Ger-man Parcel usw.)	18 bis 20 DM (pro Stunde)
Schau-steller-Gehilfe	keine	bessere Bezahlung, wenn technische Kenntnisse vorhanden	mäßig, nur zeitweise	5 bis 15 DM (pro Stunde)

Tätigkeit	Voraussetzungen	Besonderheiten	Jobchancen	Verdienst
Schreibkraft	Computer-Grundkenntnisse	als selbstständige Tätigkeit, Computer und Software erforderlich (für ca. 3.000 DM)	gut, aber große Konkurrenz verdirbt die Preise	10 bis 20 DM (pro Stunde)
Software-Entwickler/in	Fachwissen	als selbstständige Tätigkeit, Sofwarebearbeitung und -entwicklung für Kleinbetriebe	gut, vor allem wenn neben EDV- auch Branchen-Fachwissen vorhanden ist	mindestens 50 DM (pro Stunde)
Spielhallenaufsicht	keine	oft nur Jobs auf Steuerkarte	gut, Unternehmen nach Branchenbuch telefonisch abklappern	9 bis 13 DM (pro Stunde)
Sportlehrer/in	Fachkenntnisse	in Fitnessstudios, bei Tennis-, Surf-, Segelschulen meist auch ohne Lizenz oder Ausbilderprüfung, oft aber auch auf selbstständiger Basis	mäßig, läuft meist über persönliche Kontakte	15 bis 25 DM (pro Stunde)

25

Tätigkeit	Voraussetzungen	Besonderheiten	Jobchancen	Verdienst
Statist/in	keine	Hintergrundrollen bei TV-Produktionen	mäßig, Casting- und Modellagenturen, Künstlerdienst (Arbeitsamt) fragen	50 bis 350 DM (pro Job)
Tagesmutter	keine	Kombi-Service aus Haushaltshilfe und Babysitter	mäßig, wird meist zu Zeiten gesucht, zu denen man selbst keine Zeit hat	12 bis 17 DM (pro Stunde)
Taxifahrer/in	Taxischein	als Aushilfsfahrer Einsatz meist zu »schlechten« Zeiten (nachts, sonntags)	gute Chancen, weil fast alle Wagen rund um die Uhr fahren sollen	8 bis 20 DM (pro Stunde)
Telefon-Verkäufer/in	Redetalent	verkauft am Telefon, moderne Form des Vertreters	sehr gut, bei Telefon-Marketingagenturen (Branchenbuch) fragen	13 bis 25 DM (pro Stunde)
Videofilmer	Fachkenntnisse	nur für Hobby-Experten mit entsprechender Ausrüstung	Jobs (auf Familienfeiern, bei Hochzeiten usw.) über Kleinanzeigen suchen	200 bis 500 DM (pro Job)

Tätigkeit	Voraussetzungen	Besonderheiten	Jobchancen	Verdienst
Volkshochschullehrer/in	Fachwissen	gut, wenn man über irgendetwas wirklich mehr als andere Mitmenschen weiß	mäßig, große Konkurrenz durch Lehrer	18 bis 35 DM (pro Stunde)
Wachmann	keine	bevorzugt werden Angehörige des öffentlichen Dienstes, ehemalige Zeitsoldaten	sehr gut, das Geschäft bei Wach- und Sicherheitsdiensten boomt zur Zeit (»Gelbe Seiten«)	16 bis 22 DM (pro Stunde)

Wer keine Sozialabgaben und keine Steuern zahlt und seinen »Lohn« bar kassiert, verhält sich gesetzwidrig. Denn das ist eindeutig Schwarzarbeit. Ein paar Punkte sollen Ihnen nachfolgend verdeutlichen, ob man Ihnen eventuell Schwarzarbeit angeboten hat.

Vielleicht Schwarzarbeit?

☑ Checkliste: nur ein schmaler Grat zwischen Nebenjob und Schwarzarbeit

Man sagt Ihnen	Das droht Ihnen	Bessere Lösung
»Von mir aus muss das Arbeitsamt nichts von Ihrer Tätigkeit bei mir erfahren.«	totale Leistungsstreichung für mindestens drei Monate und Rückzahlung bisheriger Leistungen (plus Sozialabgaben und Krankenkassenbeiträge)	Melden Sie die Tätigkeit (nie mehr als 15 Stunden wöchentlich!) beim Arbeitsamt an (620 DM sozialabgabenfrei).

Man sagt Ihnen	Das droht Ihnen	Bessere Lösung
»Einen Gewerbe-schein brauchen Sie nicht.«	Unsinn, den braucht sogar je-mand, der Lollies auf dem Wochen-markt verkauft.	Mit einem Ge-werbeschein kommt zwar etwas Papier-kram auf Sie zu, aber Sie können alle Ihre Kosten steuerlich absetzen!
»Offiziell sind Sie jetzt Hilfstechniker, Ihre Ausbildung ist uns egal.«	Das heißt, das Un-ternehmen, das Sie als Subunterneh-mer will, ist wohl kaum in die Hand-werksrolle (Hand-werkskammer) eingetragen.	Eindeutig ein Fall von Schwarzarbeit, bei dem Ihnen Ärger mit dem Finanzamt, dem Arbeits- oder Sozialamt, ihrem Hauptarbeitgeber usw. droht.
»Danke für die Hilfe. Hier haben Sie 50 DM.«	Gar nichts. Denn soeben erhielten Sie von einem Nachbarn oder Be-kannten lediglich ein finanzielles Dankeschön, weil Sie z. B. seine Hecke geschnitten oder seinen Rasen gemäht haben.	Ist schlicht in Ord-nung. Selbst vom Finanzamt wird niemand bestraft, wenn er anderen hilft. Das gilt auch für Nachbarschafts- oder Freundschafts-hilfe auf Baustellen.

DIE ERSTEN SCHRITTE ALS EIGENER HERR

Dieser Test soll Ihnen zeigen, wie es um Ihre Voraussetzungen als Unternehmer und erfolgreicher Existenzgründer bestellt ist.

Ihre Voraussetzungen

Die Bedenkzeit pro Frage sollte in keinem Fall fünf Sekunden überschreiten. Ist es Ihnen nicht möglich, in dieser kurzen Zeit eine Antwort anzukreuzen, gehen Sie bitte einfach weiter zur nächsten Frage.

⚡ Blitztest: Reichen Ihr Wissen und Ihr Können für die Selbstständigkeit aus?

15 Fragen an Sie	Punkte der jeweiligen Antwort notieren	
Sie selbst haben keinen Pfennig Eigenkapital. Bis zu welcher Grenze wären Sie bereit, sich für eine Existenzgründung zu verschulden?	**100.000 DM** *1 Punkt*	**300.000 DM** *9 Punkte*
Ein neuer Mitarbeiter will 4.000 DM auf seinem Gehaltszettel stehen haben. Wie hoch kalkulieren Sie die gesamten Kosten, die Sie durch diesen Angestellten pro Monat zu tragen haben?	**ca. 5.000 DM** *4 Punkte*	**über 6.000 DM** *5 Punkte*
Es fehlen 500 DM in der Kasse. Schuld daran ist Ihr bester Mitarbeiter, der das Geld entnommen, aber vergessen hat, einen Zettel hineinzulegen. Feuern Sie ihn?	**eher ja** *4 Punkte*	**nein** *6 Punkte*
Wie viel Mark Zinsen zahlen Sie jetzt durchschnittlich pro Monat – geschätzt – für Überziehungen auf Ihrem Girokonto?	**über 10 DM** *4 Punkte*	**weniger oder nichts** *8 Punkte*

15 Fragen an Sie	Punkte der jeweiligen Antwort notieren	
Schätzen Sie mal, wie viele von zehn Existenzgründern wieder aufgeben, weil das Geschäft nicht läuft?	**zwei** *5 Punkte*	**acht** *4 Punkte*
Sie betreiben ein Ladengeschäft und nehmen Ihr persönliches Geld direkt aus der Kasse. Verglichen mit dem Gesamtumsatz – in welcher Höhe dürfen Sie das tun?	**nicht mehr als 5%** *5 Punkte*	**etwa 17 %** *1 Punkt*
Passt Ihre Berufsausbildung zu dem Wirtschaftszweig, in dem Sie sich jetzt selbstständig machen wollen?	**ja, total** *8 Punkte*	**eher nein** *5 Punkte*
Wie hoch schätzen Sie den Anteil an Lohnnebenkosten (z. B. für Sozialversicherungsbeiträge), die Sie zusätzlich zum Monatsgehalt von Arbeitnehmern bezahlen müssen?	**10–15 %** *3 Punkte*	**über 15 %** *8 Punkte*
Haben Sie – nach einer Prüfung – einen Ausbildereignungsschein erworben?	**nein** *2 Punkte*	**ja** *4 Punkte*
Bei Ihrer Entscheidung für die Selbstständigkeit: Wie wichtig ist Ihnen ein höherer Verdienst?	**sehr wichtig** *5 Punkte*	**weniger wichtig** *7 Punkte*
Wenn Existenzgründer mit Ihrer Idee scheitern und das Geschäft wieder aufgeben müssen: Was ist Ihrer Meinung nach die Hauptursache?	**finanzielle Probleme** *3 Punkte*	**schlechte Idee, Werbung** *5 Punkte*
Wenn Sie ein Jahr als Unternehmer selbstständig sind: Wie viel mehr werden Sie voraussichtlich verdienen (gemessen am jetzigen Gehalt)?	**doppelt so viel** *5 Punkte*	**etwas mehr, ist aber egal** *8 Punkte*
Haben Sie schon auf der zweithöchsten Hierarchiestufe innerhalb eines Unternehmens, Betriebes gearbeitet oder z. B. als Gruppen-, Abteilungsleiter Verantwortung getragen?	**nein** *2 Punkte*	**ja** *9 Punkte*

Auswertung:

Zwischen 0 und 75 Punkten

Je niedriger Ihre Punktzahl, desto mehr fehlen Ihnen noch Einblicke in wirtschaftliche Zusammenhänge.

Zwischen 76 und 101 Punkten

Je höher Ihre Punktzahl, desto besser sind Sie mit dem unternehmerischen Denken vertraut. Sie verfügen bereits über ein gutes Grundwissen und sind auf dem richtigen Weg.

WENN DER EXISTENZGRÜNDER LAUFEN LERNT

☑ **Checkliste: Ihr Weg zum eigenen Unternehmen**

1. Sie sollten eine eigene Geschäftsidee haben, Ihr Konzept muss stimmen

Der Sprung in die Selbstständigkeit darf keine Notlösung sein, weil man arbeitslos ist oder mit dem Chef nicht auskommt. Wichtig ist eine eigene Geschäftsidee, die eine echte Marktlücke füllt. Gefahr bei völlig neuen Ideen: Vielleicht hat es deshalb noch niemand probiert, weil's nicht funktionieren kann? Schließlich wären auch Autos mit fünf Rädern etwas völlig Neues – aber ohne jede Marktchance … Vor allem sollten Sie nie eine Existenzgründung auf einem Modetrend aufbauen, der nach wenigen Monaten schon wieder abflauen kann.

2. Sie sollten Voraussetzungen erfüllen, die jeder Unternehmer mitbringen muss

Fachliche Voraussetzungen	Persönliche Voraussetzungen
Sie sollten sich in der jeweiligen Branche zumindest ein bisschen auskennen. Gut ist es, wenn Sie im Beruf schon Verantwortung getragen, Erfahrungen mit Planung, Personalführung oder Kalkulation gesammelt haben.	Selbstständigkeit bedeutet auch, mal 80 Stunden pro Woche zu arbeiten, zwei Jahre keinen Urlaub zu haben – ohne sofortigen finanziellen Ausgleich. Sie müssen gesund sein, Partner und Familie müssen mitspielen.

3. Sie sollten sich so früh wie möglich beraten lassen

Bei allen Industrie- und Handelskammern sowie den Handwerkskammern gibt es spezielle Existenzgründungsberater.
Die ersten Informationen wie zum Beispiel die Broschüre »Starthilfe«, beim Bundesministerium für Wirtschaft in Bonn (Telefon 02 28/6 15 41 71 oder Außenstelle Berlin, Telefon 0 30/2 01 49), sind gratis.
Wichtigstes Beratungsziel: Überprüfung Ihres Konzepts – und der Frage, ob sich Aufwand und Ertrag angesichts der Risiken für Sie am Ende wirklich lohnen.

4. Sie sollten sich nach zuverlässigen Partnern umschauen

Partnerschaften und Teilhaber	Franchise-Systeme
Wer mit einem Partner startet, z. B. einem ehemaligen Kollegen, kann Lasten auf mehr Schultern verteilen. Gründungsberater wissen, wo es seriöse Teilhaberbörsen z. B. bei den Industrie- und Handelskammern gibt. Vorsicht bei Teilhabergesuchen aus Kleinanzeigen: Meist sind da konkursreife Firmen auf der Jagd nach einem wirklich Dummen und dessen Geld.	Mit Franchise-Konzepten wird man als Partner eines großen Unternehmens (z. B. Wienerwald, Foto Porst) selbstständig. 440 Lizenzgeber haben sich dem Deutschen Franchise Verband e.V. (DFV, Paul-Heyse-Str. 33–35, 80336 München, Tel. 0 89/54 37 08 65) angeschlossen, dessen Mitglieder machen mit circa 28.000 Franchise-Nehmerbetrieben rund 30 Milliarden DM Umsatz pro Jahr.

5. Sie müssen alle Finanzquellen kennen und richtig anzapfen

Wer eine Existenz aufbauen will, kann bis zu 100 Prozent der benötigten Mittel als zinsfreie oder zinsverbilligte Darlehen von Bund oder Ländern kassieren.
Aber: Man darf nie einen Vertrag unterschrieben haben, bevor das Geld bewilligt ist – sonst gibt's gar nichts.
Auf die verschiedenen Finanzhilfen wird man vom Existenzgründungsberater hingewiesen.

6. Sie sollten sich beraten lassen, typische Fallen für Existenzgründer kennen

Auch wenn Sie nach dem Start in die Selbstständigkeit alle Hände voll zu tun haben – mindestens zwei Jahre lang sollten Sie eine laufende Betriebsberatung in Anspruch nehmen. Das hilft, die kleinen und unvorhersehbaren Probleme der Selbstständigkeit sofort in den Griff zu bekommen – ehe große daraus werden. Denn es gibt viele Fallen, die Jungunternehmern zum Verhängnis werden können.

Die fünf häufigsten Gründe für das Scheitern von Existenzgründern:
1. Fehler bei der Finanzierungsplanung, Umsatz und Ertrag überschätzt
2. Markteinschätzung entspricht nicht der Realität, kein Bedarf, falscher Standort
3. Kaufmännische Fehler bei der Betriebsführung
4. Ungenügende Startvorbereitungen, Planungen oder Konzepte werden nicht eingehalten
5. Probleme im Privatleben, Belastungen durch viel Arbeit und geringen Startverdienst

Wie ein Unternehmen entsteht

Normalerweise darf man in Deutschland als Geschäft alles betreiben, was man kann. Aber damit ist schon wieder eine Einschränkung verbunden: Man muss nämlich sein Können im Einzelfall auch nachweisen.

So ist z. B. der Beweis zu erbingen, dass man Handwerksmeister ist, als Abbruchunternehmer mit Sprengstoff umzugehen weiß, sich als Gastwirt mit den Steuer- und Hygienevorschriften auskennt, als Wohnungs- oder Finanzmakler eine saubere Weste hat. **Wissen nachweisen**

Bevor man jedoch das Chefgefühl auskosten kann, hat der Gesetzgeber noch einen Behördengang vorgesehen.

Die Gewerbeanmeldung

In jedem Fall müssen Sie für alle selbstständigen Geschäfte eine Gewerbeerlaubnis beantragen. Die gibt es vom zuständigen Wirtschafts- und Ordnungsamt Ihres Wohnortes. Mitnehmen müssen Sie in jedem Fall: **Gewerbeerlaubnis**

33

- Personalausweis oder Reisepass sowie
- vorhandene Nachweise oder Genehmigungen (Meisterbrief, Handwerkskarte, Konzession, Taxischein, Nachweis über Gaststättenschulung usw.).

Werden in Ihrem Fall spezielle weitere Unterlagen benötigt (für Maklertätigkeit etwa ein Führungszeugnis), wird man Sie darauf hinweisen.

Ausnahmen für Freiberufler

Eine ganze Reihe von Selbstständigen benötigt für ihre Tätigkeit keine Gewerbeanmeldung, weil die Selbstständigkeit bei ihnen als »freiberufliche Tätigkeit« gilt. Das ist so bei allen niedergelassenen Ärzten, Anwälten, Architekten, Bildberichterstattern, Buchprüfern, Diplompsychologen, Dolmetschern, Fahrlehrern, Handels-Chemikern, Hebammen, Heilpraktikern, Ingenieuren (beratenden oder planenden, nicht produzierenden oder ein Handwerk ausübenden), Journalisten, Krankengymnasten, Künstlern (Maler, Schauspieler, Musiker, Komponisten usw.), Lotsen, Masseuren, Sachverständigen (hauptberuflich), Steuerberatern, Steuerbevollmächtigten, Unternehmensberatern, Wirtschaftsprüfern und Zahnärzten, wobei diese Aufzählung nicht vollständig sein kann. All diese Berufsgruppen genießen gegenüber anderen einen großen Vorteil: Sie sind von der Gewerbesteuer befreit. Sie müssen ihre Tätigkeit eben nicht als Gewerbe anmelden – wenn Sie es als natürliche Person betreiben wollen.

Keine Gewerbesteuer

Was nach der Gewerbeanmeldung auf Sie zukommt

Ist das Gewerbe erst mal registriert, gibt es kein Entrinnen mehr aus der Behördenmühle. Denn jetzt heißt es, zahlreiche Formulare und Fragebögen auszufüllen und schon einmal sein Geld bereitzuhalten. Außerdem werden sich, vom Gewerbeamt informiert, relativ schnell viele Stellen melden und Informationen wie Beiträge fordern:

Papierflut

Steuernummer: Das Finanzamt erteilt eine Steuernummer für Umsatz- und Einkommensteuer und schickt einen Fragebogen.

Beiträge: Die Berufsgenossenschaft (Pflichtversicherung) will Beiträge einschätzen und schickt daraufhin einen Fragebogen.

Betriebsnummer: Das Arbeitsamt erteilt dem neuen Arbeitgeber eine Betriebsnummer und schickt gleich mehrere Fragebögen.

Beiträge: Die Industrie- und Handelskammer (je nach Wirtschaftszweig) will Beiträge und schickt einen Fragebogen.

Beiträge: Die Handwerkskammer (nur bei Handwerksbetrieben) will Beiträge und schickt einen Fragebogen.

Eintragung: Das Handelsregister-Gericht meldet sich eventuell wegen einer erforderlichen Eintragung und schickt einen Fragebogen.

Registrierung allerorts

Sicherheit: Das Amt für Arbeitsschutz (oder eine anders benannte, aber mit den gleichen Aufgaben betraute Behörde) meldet sich eventuell (abhängig vom Gewerbe und davon, ob Mitarbeiter beschäftigt werden) und schickt zur Abwechslung mal einen Fragebogen.

Beiträge: Nur von der Krankenkasse muss selbst ein Fragebogen angefordert werden, denn die Mitarbeiter müssen entweder bei der AOK oder einer anderen Kasse angemeldet und versichert werden.

Das klingt nach viel Arbeit, aber man braucht keine Angst zu haben, dass man eine der genannten Adressen und den jeweiligen Fragebogen vergessen könnte – die genannten Stellen lassen nicht locker, melden sich automatisch und immer wieder.

Achtung: Das Finanzamt meldet sich auch deshalb nach Ihrer Gewerbeanmeldung zuerst bei Ihnen, weil dort bei jeder Firmengründung die Kasse klingelt.

Ab sofort greift man Ihnen nämlich richtig in die Tasche, mit ein paar neuen Steuern, mit denen der Nichtunternehmer nie oder selten zu tun hat: Dazu gehören Körperschaft-, Lohn-, Gewerbe- und Umsatzsteuer.

Steuern

⚡ Blitzübersicht: Rechtsformen für Ihr Unternehmen

Rechtsform	Rechtlicher Hintergrund
das Einzel-unternehmen	Diese Unternehmensform entsteht automatisch durch Eintragung des Gewerbes. Für Existenzgründer billig und einfach. Diese Rechtsform ist aber **nur dann möglich,** wenn einer der alleinige Besitzer des Geschäfts ist. Man kann dann einem Mitarbeiter Vollmachten erteilen, die sogar so weit reichen, dass er den Laden allein führen, Ware einkaufen und Preise bestimmen kann, aber – und das ist wichtig – allein haftender Inhaber bleibt der Eingetragene. Bei einem Einzelunternehmen sind Personen-, Sach-, Phantasiefirmen bzw. Mischformen zulässig. Notwendiger Rechtsformzusatz: eingetragener Kaufmann, eingetragene Kauffrau oder e. K., e. Kfm., e. Kfr.
die Gesellschaft bürgerlichen Rechts (GbR)	Wenn zwei haftbar sein wollen, müssen sie eine Gesellschaft bürgerlichen Rechts (GbR) gründen. Es gibt kaum Unterschiede zum Einzelunternehmen, denn auch für die GbR gilt: Es gibt • kein vorgeschriebenes Mindestkapital, • keine Eintragungspflicht ins Handelsregister, • keine Formalitäten bei der Gründung (nur Gewerbeanmeldung), • keine Haftungsbeschränkung der teilnehmenden Partner (volle Privathaftung). Darüber hinaus können wie beim Teilhaber des Einzelunternehmens alle Vereinbarungen zwischen den Partnern frei getroffen werden. Ob Einzelunternehmen oder GbR: die Haftung mit dem Privatvermögen der Inhaber gilt bis in alle Ewigkeit. Das heißt, es kann passieren, dass Sie für Schulden, die Ihnen Ihr Unternehmen einträgt, bis an Ihr Lebensende bezahlen.

Rechtsform	Rechtlicher Hintergrund
die Partner-schafts-Gesellschaft	Die ideale Geschäftsform für z. B. zwei Zahnärzte (oder andere Freiberufler), die eine Gemeinschaftspraxis gründen wollen. Seit Juli 1995 gibt es durch das neue »Gesetz zur Schaffung von Partner-schafts-Gesellschaften« extra für diese Gruppe von Existenzgründern die Mög-lichkeit, Gesellschaften ähnlich der GbR zu gründen. Beruhigend für die Partner ist dabei, dass eine **Haftungsbegren-zung** (z. B. bis zur Höhe einer bestehen-den Berufs-, Vermögensschaden- oder Haftpflichtversicherung) vorzunehmen ist. Nach außen kann die Partnerschaft unter eigenem Namen (als juristische Person, ohne Angabe des Vornamens; notwendi-ge Rechtsformvorgabe: »und Partner« oder »Partnerschaft«) Rechte erwerben und Verbindlichkeiten eingehen, jeder Partner kann die Partnerschaft nach außen vertreten (Ausnahmen müssen eingetragen sein).
die offene Handelsgesell-schaft (oHG)	Jeder Gewerberaum-Vermieter und jedes Geldinstitut freut sich, wenn Sie sich zu dieser Rechtsform entscheiden, denn dann sind Sie, was die Haftung anbe-langt, absolut gebunden. Auch hier han-delt es sich um eine Rechtsform, die für Partnerschaften gedacht ist. Doch dabei geht es ausschließlich um eine juristische Person (Eintragung ins Handelsregister ohne Mindestkapitalnachweis). Die Partner haften unbegrenzt; das heißt mit ihrem Privatvermögen und mit dem Betriebsver-mögen. Eine solche Handelsgesellschaft **kann nur von Vollkaufleuten gegrün-det werden.** Gemäß § 18 HGB neue Fassung (seit Juni 1998) sind Personen-, Sach-, Phantasienamen bzw. Mischformen zulässig. Notwendiger Rechtsformzusatz: offene Handelsgesellschaft oder oHG.

Rechtsform	Rechtlicher Hintergrund
die Kommandit-gesellschaft (KG)	Wieder eine juristische Person, die im Handelsregister eingetragen wird. Sie besteht immer aus einem Komplementär (der mit vollem Privatvermögen haftet) und einem oder mehreren Kommanditisten, die nur bis zur Höhe ihrer Einlage haften. Für beide Teile ein interessantes Arrangement: Der **Komplementär** (der die volle Haftung trägt) führt die Geschäfte, vertritt die Firma nach außen allein und muss sich nicht in die Geschäfte hineinreden lassen. Die **Kommanditisten** werden durch ihre Kapitaleinlage (höher können auch ihre Verluste nicht werden) steuerlich zu Mitinhabern. Sie haben Abschreibungsmöglichkeiten bei Verlusten und sind an Gewinnen der Firma beteiligt. Auch hier sind Personen-, Sach-, Phantasienamen bzw. Mischformen möglich (Kommanditistennamen sind ausgeschlossen); notwendiger Rechtsformzusatz: Kommanditgesellschaft oder KG.
die Gesellschaft mit beschränkter Haftung (GmbH)	Ein gern zitiertes, aber leider überholtes Märchen: »Die GmbH ist die ideale Form, um kein Risiko einzugehen und Gewinne zu vermauscheln.« Auf Dauer läuft das nicht und hat Folgen nicht nur im Haftungsbereich. Denn steuerlich ist die GmbH nur noch interessant, weil z. B. die Altersversorgung vor Ermittlung des Gewinns herausgezogen werden kann – **ansonsten sind steuerliche Vorteile kaum noch zu erzielen.** Und eine GmbH ist nicht billig, muss Bilanzen aufstellen, Körperschaftsteuer (eine Art Existenzsteuer für juristische Personen) bezahlen. Faustregel: Auch eine GmbH, die überhaupt keinen Umsatz macht, kostet pro Jahr etwa 4.000 bis 6.000 DM. Die Rechtsform schreibt für die GmbH vor, dass sie nur in Höhe der Kapitaleinlagen

Rechtsform	Rechtlicher Hintergrund
	und der Betriebswerte, mindestens mit 50.000 DM haftet. Die Realität hat dieses Gesetz längst ausgehebelt: Auch der dümmste Vermieter oder Bankdirektor weiß von dieser Bestimmung. Also wird niemand mit einer GmbH umfangreiche Geschäfte abschließen, Waren liefern oder ihr hohe Kredite gewähren, ohne Sicherheiten zu verlangen. **Es muss jemand die Verträge »quer zeichnen«.** Das heißt: für die Verbindlichkeiten der beschränkt haftenden Gesellschaft mit Privatvermögen einstehen. Durch diese Hintertür geht die Haftungsbegrenzung verloren. Auch für die GmbH sind Personen-, Sach-, Phantasienamen bzw. Mischformen zulässig; notwendiger Zusatz: Gesellschaft mit beschränkter Haftung oder die bekannte Abkürzung GmbH.

DIE EXISTENZGRÜNDUNG ALS ÜBERNAHME ODER PARTNERSCHAFT

Teilhaberschaften	
stille	Es handelt sich hierbei praktisch nur um eine Geldanlage in einem Unternehmen. Der Teilhaber bekommt für seine Einlage keine Mitspracherechte bezüglich der Firmenpolitik oder -geschäfte, er tritt nach außen nicht in Erscheinung und muss auch nicht in der Firma mitarbeiten. Also keine echte Alternative für Existenzgründer. Als Lohn für seine Geldeinlage bekommt er entweder eine • **fest vereinbarte Verzinsung** für sein Kapital geboten. • Und die wird, weil er ein größeres Risiko als bei garantierten Zinsen von der Bank eingeht, höher ausfallen als für andere Geldanlagen.

Teilhaberschaften	
	• Es kann aber auch eine **prozentuale Beteiligung am Gewinn** des Unternehmens vereinbart werden. Entsprechende Verträge sollten von Anwälten und/oder Steuerberatern gestaltet werden.
atypische stille	Man beachte das Wörtchen atypisch. Denn hier kann nun doch schon statt einer bloßen Geldanlage ein kleines unternehmerisches Abenteuer gemeint sein. Das kann z. B. bedeuten, dass als Gegenleistung für die Geldeinlage Mitspracherechte eingeräumt werden oder eine Mitarbeit erwartet wird. Der Teilhaber wird dadurch aber weder steuerlich noch rechtlich zum Mitinhaber. Die atypische stille Beteiligung kann deshalb auch als Möglichkeit gewählt werden, die Haftung des Teilhaberpartners zu begrenzen – ohne an der bestehenden Rechtsform des Unternehmens etwas zu verändern bzw. die sonst dafür erforderlichen gesellschaftsrechtlichen Voraussetzungen zu schaffen. Auch der atypische Teilhaber kann die Firma nach außen hin nur vertreten, wenn er Vollmachten, wie z. B. eine Prokura, besitzt.
pure	Die Frage, ob man allein oder zu zweit ein Unternehmen aufbaut, kann sich eigentlich nur jeder selbst beantworten. Hier ein paar gute Gründe, die für einen Teilhaber sprechen: • In der Gründungsphase ist es gut, wenn **Verantwortung und Lasten** von mehreren Beteiligten getragen werden. • Der – auch nur zeitweise – **Ausfall eines Einzelkämpfers** durch Unfall oder Krankheit kann in der Startphase das absolute Aus bedeuten. • Beide Partner können sich mit ihren **Fähigkeiten ergänzen und sich gegenseitig vertreten**. • Das von einer Einzelperson selten aufzubringende Kapital **kann leichter beschafft werden**. Wichtig für so eine Teilhaberschaft ist nicht, dass die künftigen Partner alte Freunde sind.

Teilhaberschaften	
	Im Gegenteil, das kann gerade falsch sein (zwei undisziplinierte Hallodris machen ein Geschäft doppelt so schnell kaputt). In erster Linie geht es darum, dass beide geschäftlich die gleichen Ansichten vertreten, gemeinsame unternehmerische Ziele haben und sich als Unternehmer ergänzen. Schließlich will man kein Bierchen miteinander trinken, sondern die eigene und eine zusätzliche Existenz sichern.
Firmen- oder Betriebsübernahme	Ist ein Firmenchef krank, zu alt und ohne Erben, wird er sein Geschäft verkaufen. Auch oder gerade, weil es glänzend läuft. Im Traumfall ist es sogar möglich, dass der aufgebende Unternehmer genug verdient hat, um sich zur Ruhe zu setzen. Sehr viel häufiger ist allerdings, dass ein Geschäft aufgegeben wird, weil es nicht mehr gut läuft. Und dann macht es für den Vorbesitzer Sinn, sich gegen eine einmalige Zahlung rechtzeitig davon zu trennen – ehe es ganz den Bach hinuntergeht. Wenn sich der bisherige Eigentümer also gegen eine einmalige Zahlung möglichst schnell wegen »mangelnder Lust« zurückziehen will, sollten Sie stutzig werden. Vergessen Sie diese Regel auch dann nicht, wenn sich das Unternehmen und die Bücher nach genauem Studium als sauber erweisen. Versetzen Sie sich einfach in die Rolle des anderen, und fragen Sie sich, was ihn wirklich zu seinem Entschluss gebracht haben könnte. Niemand verschenkt freiwillig etwas, schon gar nicht die Aussicht auf langfristige regelmäßige Zahlungen aus einem gut laufenden Unternehmen.
Beteiligung	Nirgendwo kann Lenins Satz »Vertrauen ist gut, Kontrolle ist besser« lebenswichtiger sein als im Geschäftsleben. Niemand verschenkt etwas. Um sich selbst zu schützen, müssen Sie leider immer vom schlechtesten Ansatz ausgehen. Und jetzt wird's richtig gemein: Die Prüfung jener Fakten oder Unterlagen, die die

Teilhaberschaften
(Beteiligung) Angaben des Eigentümers belegen können oder sollen, nutzt Ihnen so gut wie gar nichts. Halten Sie sich damit gar nicht groß auf. Suchen Sie stattdessen sofort nach Beweisen für das genaue Gegenteil. Bilanzen und Steuererklärungen lassen sich manipulieren – Ihr Gespür nicht. Sie brauchen Hilfe. Denn allein wird es Ihnen nicht gelingen, ein Unternehmen durchzuchecken. Dies ist zunächst mal Sache eines Steuerberaters, Unternehmensberaters oder Wirtschaftsprüfers. Den können Sie sich übrigens auch im Rahmen der ersten Beratung schon empfehlen lassen. Die Einschätzung eines Unternehmenswertes ist von so vielen Faktoren abhängig und nach so unterschiedlichen Gesichtspunkten möglich, dass ein Nichtprofi damit zwangsläufig überfordert ist.

So errechnet man den Wert eines Unternehmens

Drei Kriterien zur Ermittlung eines Unternehmenswertes sollten Sie aber trotzdem kennen. Damit Sie sich im Zweifelsfall ein Bild machen können.

Gewinn in den nächsten fünf Jahren

- **Ertragswert:** Vom heutigen Stand aus wird der Gewinn für die kommenden fünf Jahre eingeschätzt. Diese Bewertung macht Sinn, wenn Sie den Betrieb ohne große Änderungen wie bisher weiterführen wollen.

Sachwerte

- **Substanzwert:** Dabei wird nur der Wert aller zu erwerbenden Gegenstände (abzüglich noch offener Verbindlichkeiten) ermittelt. Diese Bewertung macht Sinn, wenn Sie grundlegende Änderungen gegenüber der bisherigen Betriebsführung vornehmen wollen.

Mischform

- **Realer Unternehmenswert:** Dabei werden Substanz- und Ertragswert addiert und dann durch zwei geteilt – eine Mischform, die eine möglichst realistische Bewertung von Sachvermögen und Ertragskraft eines Unternehmens ermöglichen soll.

Für viele Branchen gibt es auch Durchschnittswerte (die kennt jeder gut informierte Berater), zu denen Betriebe gehandelt werden. Oft wird dabei einfach von einem mehrfachen Jahresumsatz ausgegangen, z. B. dem zweieinhalb- bis fünffachen Jahresumsatz.

Hintergrund für diese Durchschnittswerte ist folgende Überlegung: Bestimmte Umsätze sind nur dann zu schaffen, wenn das Unternehmen entsprechend am Markt etabliert und ausgestattet ist.

Außerdem steht der Umsatz immer in direktem Zusammenhang mit dem Reingewinn.

Beachten Sie: Bei den Industrie- und Handelskammern bzw. den Handwerkskammern werden Sie nicht nur in Fragen der Übernahme bzw. Beteiligung beraten und bekommen Sachverständige genannt.

Es gibt auch Teilhaber- oder Übernahmebörsen, über die sich Kontakte für eine Übernahme oder Beteiligung herstellen lassen.

Teilhaberbörsen

Es gibt aber auch Punkte, die Sie niemandem überlassen sollten. Sie selbst sollten sich auf jeden Fall folgende Überblicke verschaffen:
- über den Kundenkreis
- über die Konkurrenten
- über die Mitarbeiter
- über die privaten Lebensverhältnisse des bisherigen Eigentümers

Es geht dabei nicht darum, dass Sie Menschen ausspionieren sollen. Aber wenn Ihnen an Ihrem Geld gelegen ist, sichern Sie Ihre Einlage durch genaue Kenntnis Ihres neuen Geschäftszweiges.

Gründliche Recherche

Wenn Sie hinsichtlich der oben genannten Punkte gut recherchiert haben, können Sie die Fragen in den folgenden vier Tests ziemlich leicht beantworten:

⚡ Blitztest: Ihre Geschäftspartner und Sie

Fragestellung bei nicht 100-prozentigem »Ja« bitte »nein« ankreuzen	Antwort	
	ja	**nein**
Hier geht es zunächst mal nur um Sie:		
Kennen Sie sich in dieser Branche aus?		
Haben Sie hier Berufserfahrungen gesammelt?		
Haben Sie erfahrene, Ihnen schon länger vertraute Berater, die sich in dieser Branche auskennen?		
Hat Sie diese Branche schon vorher interessiert, oder liegt das nur an der sich jetzt bietenden Möglichkeit?		
Interessiert Sie die Aufgabe wirklich – oder wollen Sie die günstige Gelegenheit beim Schopf packen?		
Hier geht es um den bisherigen Unternehmer:		
Würden Sie ihm einen Gebrauchtwagen abkaufen?		
Würden Sie ihm in einer Gaststätte, weil Sie auf die Toilette müssen, Ihre Geldbörse anvertrauen, damit er daraus bezahlt – ohne zu wissen, wie viel drin ist?		
Passen sein Auftreten und sein Lebensstil zu dem, was er Ihnen über Erfolge und Gewinne erzählt?		
Kennen Sie seinen Lebensstil überhaupt?		
Hat er Ihnen Einblicke in seine privaten Verhältnisse ermöglicht, ohne dass Sie darauf drängen mussten?		
Würden Sie mit ihm eine Bergtour machen, bei der er für Ihre Sicherung verantwortlich ist?		
Sagt Ihnen sein Auftreten gegenüber Mitarbeitern/Untergebenen uneingeschränkt zu?		
Hat er Ihnen Auskünfte über die Erbregelungen im Falle seines Todes gegeben?		

Fragestellung bei nicht 100-prozentigem »Ja« bitte »nein« ankreuzen	Antwort	
	ja	nein
Freut er sich über jeden Besuch von Ihnen – auch ohne Anmeldung – im Betrieb?		
Hat er Sie ermuntert, so oft wie möglich vorbeizuschauen, mit Kunden und Mitarbeitern zu sprechen?		
Beantwortet er alle Ihre Fragen schlüssig, haben Sie das Gefühl, dass er es gern tut?		
Sind Ihnen die Gründe für eine Beteiligung/ Übergabe glaubwürdig erklärt worden?		
Genießt er bei Menschen, mit denen Sie über ihn sprechen, allgemein einen guten Ruf?		

⚡ Blitztest: Ihr künftiger Betrieb

Fragestellung	ja	nein
Ist Ihnen der gute Ruf des Betriebes bekannt?		
Besteht der Betrieb schon länger als fünf Jahre, und lag er in dieser Zeit in den gleichen Händen?		
Ist die Entwicklung des Unternehmens in dieser Zeit für Sie nachvollziehbar erfolgt?		
Ist das Unternehmen unter der angegebenen Firma im Handelsregister eingetragen?		
Stimmen alle Angaben im Handelsregister mit den Ihnen erteilten Auskünften überein?		
Gibt es Faktoren, die eine voraussehbare Entwicklung für die Zukunft möglich machen?		
Sagt Ihnen die Mitarbeiterstruktur zu, können Sie also auf sofortige Änderungen verzichten?		
Ist die technische Ausstattung des Betriebes so, dass auf sofortige Änderungen verzichtet werden kann?		
Haben Sie (z. B. über Ihre Bank) eine Wirtschaftsauskunft über den Betrieb einholen lassen?		

Fragestellung	ja	nein
Sind gesetzliche Vorschriften für die Übernahme zu beachten und/oder auch zu erfüllen?		
Hier geht es um den Standort des Betriebes:		
Kennen Sie die Bauplanung für die Umgebung?		
Ist der Standort danach langfristig gesichert, auch was Verkehrsführungen angeht?		
Ist eine eventuelle Erweiterung grundsätzlich möglich (vor allem bei vorhandenen Kapazitätsengpässen)?		
Sind bisherige Rahmenbedingungen (Mieträume, Mietpreise) langfristig sicher bzw. gewährleistet?		
Befinden sich die Räumlichkeiten in einem mittelfristig guten bis ausreichenden Zustand?		
Sind alle Umweltschutzauflagen erfüllt und zu erwartende neue ebenfalls zu erfüllen?		
Ist sichergestellt, dass der Betrieb in der jetzigen Form genehmigt, bau-, gewerberechtlich abgenommen ist?		
Ist sicher geklärt, dass es keine Umweltaltlasten gibt, die auf das Unternehmen zurückzuführen sind?		

⚡ Blitztest: die Wirtschaftlichkeit Ihres zukünftigen Betriebes

Fragestellung	ja	nein
Gibt's einen Überblick über die letzten fünf Jahre?		
Sind Gesamtumsatz, Umsatz einzelner Waren/Leistungen, Gewinn bekannt?		
Wurden Ihnen Unterlagen freiwillig ausgehändigt und zur Prüfung durch Dritte bereitwillig überlassen?		

Fragestellung	ja	nein
Hat ein Sachverständiger Abschlüsse/Bilanzen zur Ermittlung des Unternehmenswertes geprüft?		
Stimmte diese Prüfung mit den Vorstellungen des bisherigen Besitzers in etwa überein?		
Ist bei Pacht oder Miete sichergestellt, dass Sie mehr Gewinn erzielen als der andere?		
Sind steuerliche Alternativen zu Kauf oder Miete (Leibrente) mit Experten durchgerechnet worden?		
Sind Eigentumsvorbehalte oder Sicherungs-übereignungen wegen der Firmenkredite geklärt worden?		
Sind eventuelle Gläubiger mit der Übernahme durch Sie einverstanden?		
Kennen Sie die Gläubiger, und können Sie damit leben, in deren Schuld zu stehen?		
Ist sicher geklärt, dass Sie nicht noch offene Steuerschulden aus der Vergangenheit tragen müssen?		
Ist sichergestellt, dass es keine Ihnen unbekannten Zusagen des Betriebes (Renten) für die Zukunft gibt?		

⚡ Blitztest: Ihre künftigen Kunden/ Konkurrenten

Fragestellung	ja	nein
Sind Ihnen die Kunden überhaupt bekannt?		
Konnten Sie allein mit den Kunden über ihr bisheriges Verhältnis zum Betrieb sprechen?		
Beruht das Kundenverhältnis auf Unternehmensleistungen (oder nur auf persönlichen Kontakten)?		

Fragestellung	ja	nein
Kennen Sie die Wünsche der Kunden und deren eventuelle Kritik an bisherigen Zuständen?		
Hier geht es um die Konkurrenz:		
Kennen Sie die Konkurrenzsituation am Markt?		
Kennen Sie Leistungen und Preise der direkten Konkurrenten?		
Ist sichergestellt, dass sich die Konkurrenzsituation nicht plötzlich völlig verändern kann?		

Auswertung:

Je mehr »Nein« Sie zu verzeichnen hatten, desto größer muss Ihr Misstrauen werden. Sie sind nicht wirklich ausreichend informiert worden. Warum nicht? Hat Ihr künftiger Geschäftspartner vielleicht doch etwas zu verschweigen? Sie müssen – zu ihrer eigenen Sicherheit – jedes »Nein« durch eigene Recherche und ein »Ja« ersetzen. Gelingt Ihnen das nicht, kann der Ratschlag nur heißen: Finger weg von diesem Geschäft!

Vorteile und Tücken

Ohne ausreichende Erfahrungen bei Betriebsbewertungen und Klärungen von Steuer- oder Rechtsfragen ist es nicht möglich, Vorteile und Tücken einer Übernahme oder Beteiligung tatsächlich abzuschätzen bzw. auszuräumen.

Vorsicht, wenn Sie sich nicht auskennen

Fragen Sie sich doch mal selbstkritisch, ob Ihnen die folgenden Punkte etwas sagen:

- Haftung des Übernehmers oder Teilhabers für Fehler und Zusagen aus der Vergangenheit
- Eintritt in bestehende Verträge mit Dritten
- Übernahme von Firmierungen

Nicht ohne Berater

Wenn nein, dann benötigen Sie Juristen und Berater, die Ihnen einen wasserdichten Vertrag ausarbeiten, der Sie vor Schaden schützt.

Schließlich gab es auch schon Fälle, in denen jemand Geld für eine Teilhaberschaft herausrückt – aber noch ehe er sich umguckt, ist der andere mit dem Geld verschwunden, das Unternehmen zugesperrt. Schon deshalb noch der wichtige Hinweis: Nur ein Vertrag kann so wichtige und existenzentscheidende Fragen restlos berücksichtigen wie die eben genannten.

Es ist immer verlockend, irgendwo eine Mark sparen zu können – aber niemand sollte versuchen, die hier erforderlichen Vereinbarungen einfach selbst zu stricken.

Wasserdichte Verträge

EXISTENZGRÜNDUNG ALS FRANCHISER

Nicht jeder, der sich auf eigene Füße stellt, hat eine Bombenidee im Kopf. Muss man auch nicht. Manchmal haben sich schon andere den Kopf zerbrochen und verkaufen ihre Idee, ihre Geschäftskonzepte. Franchising heißt das System. Wie erfolgreich Franchising ist, können Sie an folgender Top-30-Liste erkennen:

⚡ Blitzübersicht: die Top 30 der Franchise-Unternehmen		
Branche	**Firmenname**	**Anzahl der Filialen**
1. Fotohandel	Photo-Porst	2248
2. Fotohandel	Foto-Quelle	1362
3. Tiefkühlkost-Lieferdienst	Eismann	1350
4. Nachhilfe	Schülerhilfe	653
5. Reisebüro	First Reisebüro	552
6. Fast Food	McDonald's	491
7. Schuhhandel	Quick-Schuh	489
8. Musikpädagogik	Musikschule Fröhlich	461
9. Bildung	Studienkreis	440

Ideenübernahme

Branche	Firmenname	Anzahl der Filialen
10. Sonnenstudio	Sunpoint	428
11. Buchhaltungs-service	DATAC	350
12. Sonnenstudio	Ayk Beauty Sun	346
13. Autowäsche	Cleanpark GmbH	332
14. Heimwerkermärkte	OBI	318
15. Reisebüro	TUI ReiseCenter	285
16. Gebäudereinigung	Getifix	257
17. Autowaschanlagen	Wap WaschBär	255
18. Fenster/Türen	Portas	241
19. Renovierungen	Pretty	220
20. Musikunterricht	Yamaha	214
21. Computer	Vobis	196
22. Sitzmöbel und Betten	Thomas Studio	175
23. Waschsalons	BWF Schnell & Sauber	174
24. Reisebüros	Nur Touristic	172
25. Gassicherheits-technik	GaSiTec	170
26. Küchen und Einrichtungen	Topateam	165
27. Drogeriewaren	Ihr Platz	161
28. Eisdielen	Janny's Eis	160
29. Immobilienmakler	Aufina	120
30. Maler und Lackierer	Opti-Maler-Partner	118

Die Vorteile dieses Systems

Am Anfang war die Idee des Franchise-Gebers. Der Franchise-Nehmer profitiert von dieser Idee und von den Erfahrungen, die mit der Vermarktung und Umsetzung dieser Idee bisher gesammelt wurden. Das Prinzip ist einfach:

1. Der Franchise-Geber hat eine Marktlücke entdeckt.
2. Er hat eine Idee entwickelt, diese Lücke zu schließen.
3. Er hat Wege erprobt, auf Waren oder Dienstleistungen werbetechnisch hinzuweisen und so für genügend Kundennachfrage zu sorgen.

Viele schließen sich zusammen

4. Er sorgt für die fachliche Anleitung der Franchise-Nehmer und ihrer Mitarbeiter.
5. Er kümmert sich um ein einheitliches Auftreten aller Franchise-Nehmerbetriebe in der Öffentlichkeit.

Die Vorteile angeschlossener Betriebe liegen auf der Hand:

▶ Stärkerer Bekanntheitsgrad, Markenimage durch gemeinsame Werbung.

▶ Gemeinsames Auftreten vieler selbstständiger Franchise-Nehmerbetriebe stärkt die Marktposition.

Starke Marktposition

▶ Kleine Unternehmer erreichen den Status eines großen Konzerns, wenn es z. B. um Preisverhandlungen geht.

Es gibt eine Vielzahl von oft wenig bekannten Franchise-Systemen, z. B. in den Bereichen

- Autozubehör (Funk, Radio, Telefon)
- Balkonausbau
- Bausanierung
- Dessous-Fachgeschäfte
- Fenster- und Wintergartenvetrieb
- Gebäudereinigung
- Geländersysteme
- Jalousien, Fensterdekorationen
- Kanalreinigung
- Kochschulen
- Kraftfahrzeug-Fensterfolien
- Markisenvertrieb

- Mauerwerkisolierungen
- Parfümerien
- Parkettstudios
- Schädlingsbekämpfung
- Schlafmöbel aus Naturmaterialien (Verkauf)
- Selbstbauheizungen
- Systeme für Fahrzeugeinrichtungen
- Vermietung von Arbeitsmaschinen
- Wasseraufbereitung
- Werbung im Außenbereich

Fast jeder Existenzgründer kann einen Partner aus dem Bereich finden, in dem er selbstständig sein möchte oder bereits Erfahrungen gesammelt hat – was immer von Vorteil ist. Information bekommen Interessenten von:

Deutscher Franchise Verband e.V.
Paul-Heyse-Str. 33–35
80336 München
Tel. 0 89/54 37 08 65
Telefax 0 89/53 13 23.

Das Franchise-Unternehmen prüfen Bevor Sie sich mit einem Franchise-Unternehmen anfreunden, sollten Sie es genau unter die Lupe nehmen. Das empfiehlt sogar der Deutsche Franchise Verband, unter dessen Vereinsfahne die Franchise-Unternehmen mit seriösem Anspruch organisiert sind.

Je mehr Kästchen Sie in der folgenden Checkliste als Ihre Antwort ankreuzen, desto deutlicher wird Ihr Urteil. Letztlich basteln Sie sich so ein Stimmungsbarometer, das Ihnen weiterhelfen wird.

eins ❑ = kaum positiv/negativ
zwei ❑ = bisschen positiv/negativ
drei ❑ = positiv/negativ
vier ❑ = recht positiv/negativ
fünf ❑ = sehr positiv/negativ

☑ Checkliste: für Franchise-Interessenten		
Frage	**Antwort** *positiv* *von 1–5*	**Antwort** *negativ* *von 1–5*
1. Seit wann besteht die Firma des Franchise-Gebers? (Je älter, desto positiver, zwei Jahre müssen es sein)	❑❑❑❑❑	❑❑❑❑❑
2. Wie viele Franchise-Nehmer sind bereits erfolgreich? (Je mehr, desto positiver, zwei sind die unterste Grenze)	❑❑❑❑❑	❑❑❑❑❑
3. Handelt es sich um eine einmalige Geschäftsidee, die konkurrenzlos ist?	❑❑❑❑❑	❑❑❑❑❑
4. Wie weit ist das Unternehmen insgesamt gediehen? (Falls es bisher nur ein oder zwei Testgeschäfte gibt, ist das sehr negativ!)	❑❑❑❑❑	❑❑❑❑❑
5. Besteht nach dem jeweiligen Angebot bzw. der Dienstleistung an Ihrem Standort tatsächlich rege Nachfrage? (Und wie hoch schätzen Sie diese ein?)	❑❑❑❑❑	❑❑❑❑❑
6. Bietet das Franchise-System deutliche Wettbewerbsvorteile?	❑❑❑❑❑	❑❑❑❑❑
7. Weist der Franchise-Geber die Eintragung von gewerblichen Schutzmarken (Marke, Warenzeichen, Dienstleistungsmarke, Wort- und Bildzeichen) nach? (Nein ist sehr negativ)	❑❑❑❑❑	❑❑❑❑❑
8. Liefert der Franchise-Geber Ihnen (positiv: umfangreiche) Daten zu den Marktverhältnissen?	❑❑❑❑❑	❑❑❑❑❑
9. Existiert ein (positiv: umfangreiches) Handbuch zur Betriebsführung?	❑❑❑❑❑	❑❑❑❑❑

Frage	Antwort *positiv* *von 1–5*	Antwort *negativ* *von 1–5*
10. Wie würden Sie den Umfang der Leistungen Ihres Franchise-Gebers bewerten?	❏ ❏ ❏ ❏ ❏	❏ ❏ ❏ ❏ ❏
11. Wie sehen Sie im Vergleich zu den Leistungen die Höhe der Gebühren? (Frage 7 und 8 lassen sich miteinander vergleichen)		
12. Wie reagiert der Franchise-Geber auf Ihren Wunsch, andere Franchise-Nehmer kennen zu lernen?	❏ ❏ ❏ ❏ ❏	❏ ❏ ❏ ❏ ❏
13. Schulungen vor Beginn Ihrer Selbstständigkeit: Würden Sie sagen, dass Ihnen sehr viel geboten wird?	❏ ❏ ❏ ❏ ❏	❏ ❏ ❏ ❏ ❏
14. Schulungen nach Beginn Ihrer Selbstständigkeit: Würden Sie sagen, dass Ihnen sehr viel geboten wird? (Frage 10 und 11 lassen sich miteinander vergleichen)	❏ ❏ ❏ ❏ ❏	❏ ❏ ❏ ❏ ❏
15. Wie reagiert der Franchise-Geber auf Ihre Bitte, die Vertragsunterlagen eine Weile zur Prüfung behalten zu dürfen?	❏ ❏ ❏ ❏ ❏	❏ ❏ ❏ ❏ ❏
16. Wie beurteilen Sie, den Beitrag des Franchise-Gebers?	❏ ❏ ❏ ❏ ❏	❏ ❏ ❏ ❏ ❏
17. Wie sieht es mit den Referenzen des Hauptunternehmens aus, kann der Franchise-Geber Ihnen z. B. ein Schreiben der Deutschen Ausgleichsbank in Bonn vorlegen, in dem steht, dass einer Förderung dieses Systems im Grundsatz nichts entgegensteht?		

Frage	Antwort positiv von 1–5	Antwort negativ von 1–5
(Wenn man Ihnen gar nichts anbietet, auch keine alternativen Förderungsmittel, ist das sehr negativ)	❏ ❏ ❏ ❏ ❏	❏ ❏ ❏ ❏ ❏
18. Wie empfinden Sie die Höhe der von Ihnen laufend zu zahlenden Gebühren?	❏ ❏ ❏ ❏ ❏	❏ ❏ ❏ ❏ ❏
19. Wie schätzen Sie die angebotene Hilfe des Franchise-Gebers bei der Suche nach Räumlichkeiten, Finanzierungsmöglichkeiten, Pressearbeit, Werbung und Sortimentsberatung ein?	❏ ❏ ❏ ❏ ❏	❏ ❏ ❏ ❏ ❏
20. Wie hoch würden Sie den Einsatz Ihres möglichen Franchise-Gebers im Vorfeld ansiedeln? Ruft man Sie auch mal an? Macht man Ihnen Vorschläge? Berät man Sie ausführlich? Wie sehen Sie das?	❏ ❏ ❏ ❏ ❏	❏ ❏ ❏ ❏ ❏
21. Welchen Eindruck macht das Werbekonzept Ihres möglichen Franchise-Gebers auf Sie? Wirkt es Erfolg versprechend?	❏ ❏ ❏ ❏ ❏	❏ ❏ ❏ ❏ ❏
22. Wie genau hat man auf Ihr Interesse reagiert? Wollte man Sie ohne weiteres akzeptieren, oder wurde Ihre berufliche Vorbildung genauer unter die Lupe genommen? Wie ist Ihr Eindruck?	❏ ❏ ❏ ❏ ❏	❏ ❏ ❏ ❏ ❏
23. Ganz spontan: Was für ein Gefühl haben Sie den Franchise-Geber betreffend? (Nehmen Sie das bitte ernst. Auch die größten und erfolgreichsten Geschäftsleute verlassen sich manchmal auf ihre Intuition und fahren gut damit!)	❏ ❏ ❏ ❏ ❏	❏ ❏ ❏ ❏ ❏

Die Nachteile des Systems

Bei allen Erfolgen von Franchise-Unternehmen darf aber nicht übersehen werden, dass auch hier der Teufel im Detail steckt. Der Rückgriff auf eine bereits erprobte Geschäftsidee und die Anwendung erfolgreicher Unternehmensstrategien sind noch keine Garantie dafür, dass es letztlich in der eigenen Kasse klingelt. Der Erfolg eines Franchise-Nehmers hängt sehr stark auch von der Betreuung durch den Franchise-Geber ab.

Es ist z. B. Teil der Pflichten eines Franchise-Gebers, für einen Gebietsschutz gewissen Gebietsschutz zu sorgen. Denn wenn sich mehrere Geschäfte eines Konzerns in der Innenstadt einer Metropole gründen, machen sie sich gegenseitig sinnlos Konkurrenz.

Es spricht auch nicht gerade für einen Franchise-Geber, wenn die laufende Betreuung des Franchise-Nehmers durch die Zentrale selten erfolgt. Dann kommt es dem Haupthaus offensichtlich mehr darauf an, vermeintlich gute und schlüssige Geschäftskonzepte möglichst schnell an den Mann oder die Frau zu bringen, als auf den langfristigen Erfolg der jeweiligen Geschäftsidee zu setzen und zu vertrauen.

Dabei ist gerade eine gute und ständige Betreuung des Existenzgründers durch seinen Franchise-Geber von besonderer Wichtigkeit. So können z. B. durch regelmäßige Betriebsvergleiche Betriebs- gleiche und Auswertungen der Erfahrungen aller Betriebe vergleiche eines Franchise-Gebers wesentliche Rückschlüsse für die eigene Geschäftsgestaltung und das eigene unternehmerische Handeln gezogen werden. Nach Unterlagen des Deutschen Franchise Verbandes lassen etwa 71 Prozent aller Franchise-Zentralen ihren Lizenznehmern regelmäßig einen solchen Betriebsvergleich zukommen.

Ein Franchiser muss eigene Entscheidungen treffen dürfen

Wo viel Licht ist, ist auch viel Schatten. Die Erfolgsbilanzen einiger Franchise-Systeme haben auch eine ganze Reihe von unseriösen Anbietern auf den Markt gelockt. Es ist auch längst nicht alles Franchising, was sich so nennt.

Tankstellen z. B., bei denen die einzelnen Pächter Unternehmer, dabei aber von der Mineralölgesellschaft vollständig abhängig sind, kann man nicht als Franchise-Betriebe im eigentlichen Sinne verstehen. Hier handelt es sich eher um Verkaufsagenturen, bei denen der Einzelunternehmer weitestgehend den Preis- und Abnahmediktaten des Verpächters unterworfen ist.

Genau genommen handelt es sich bei den meisten Tankstellenpächtern zwar um rechtlich selbstständige und eigenverantwortliche Unternehmer. Ihr unternehmerischer Entscheidungsfreiraum aber ist sehr stark durch die Geschäftspolitik der Ölkonzerne eingeschränkt.

Letztlich läuft es darauf hinaus, dass die Pächter zwar das unternehmerische Risiko weitestgehend allein tragen und für ihre Verbindlichkeiten gegenüber dem Verpächter direkt haften – dabei aber kaum eigene unternehmerische Konzepte anwenden dürfen. Ähnliches gilt für andere Vertriebssysteme. Im Textilbereich sind z. B. alle Benetton-Läden mit einer bestimmten Abgabemenge versehen. Verkauft der einzelne Händler nicht die von der Zentrale kalkulierte Menge, ist das allein sein Problem. Führt die konzerneigene Skandalwerbung zu rückläufigen Kundenzahlen, trägt der Franchiser die Folgen.

Abgabemenge

> **Wichtig!** Die vertragliche Bindung an einen Hauptlieferanten allein macht noch kein Franchise-System aus. Unternehmerischer Freiraum ist unverzichtbarer Bestandteil eines solchen Unternehmertums.

Nicht selten wird ein großes Startkapital verlangt

Wie seriös das Franchise-Unternehmen ist, dem Sie sich anschließen wollen, müssen Sie ganz genau überprüfen. Sprechen Sie z. B. mal mit einem »Mitbewerber in spe«, der eigene Erfahrungen gesammelt hat! Die Seriosität schon vorher abzuklären ist gerade deshalb wichtig, weil die Franchise-

Seriosität klären

57

Nehmer mit zum Teil beträchtlichem Kapitaleinsatz starten müssen. Laut Institut für Mittelstandsforschung in Bonn (Untersuchung im Rahmen eines Forschungsprogramms über die Situation der Franchise-Nehmer in der Bundesrepublik) ergibt sich: Jeder dritte Existenzgründer hat für die Realisierung seines Franchise-Betriebes mehr als 200.000 DM investieren müssen, in über der Hälfte aller Fälle (55 Prozent) wurden immerhin noch über 100.000 DM investiert. In jedem zweiten Fall bezeichneten die Franchise-Nehmer allerdings die Gegenleistungen des Mutterhauses als nicht ausreichend.

Eigenkapital-einsatz

Die Zukunftsaussichten aller Franchise-Nehmer beurteilte die Untersuchung durchweg positiv. So verzeichneten über 90 Prozent der Unternehmen vom Start an eine stetig steigende Erfolgsbilanz. Nur in sieben Prozent aller Fälle nahmen die Geschäfte einen negativen Verlauf. Wohl auch deshalb würden sich fast 90 Prozent aller Franchise-Nehmer noch einmal für den Weg in die Selbstständigkeit über ein Franchise-System entscheiden.

☑ Checkliste: das Kleingedruckte im Franchise-Vertrag

Ein Hinweis auf	Wie Sie es merken	Was Sie tun können
Klammheimliche Preisbindungen	Die Verträge enthalten Hinweise auf eine bestimmte Preisgestaltung, oder in der betrieblichen Praxis werden Kalkulationshilfen durch den Franchise-Geber »angeboten«, die von einheitlicher Preisgestaltung ausgehen und deshalb eine indirekte Preisbindung beinhalten.	Tatsache ist, dass Preisbindungen (abgesehen von wenigen Bereichen) verboten sind. Wer feststellt, dass er mit der vom Franchise-Geber vorgegebenen Preisgestaltung nicht den erhofften unternehmerischen Erfolg erzielt, sollte sich auch durch entsprechende Preisvorgaben nicht irritieren lassen. Er hat in jedem Fall die Möglichkeit, seine eigene Preisgestaltung durchzusetzen.

Ein Hinweis auf	Wie Sie es merken	Was Sie tun können
Vertragsstrafen und Sanktionen	Wenn im ganzen Vertrag nur die Rede ist von den Pflichten des Nehmers und den Rechten des Gebers, sollte auch Nichtjuristen klar sein, dass hier etwas nicht stimmt.	Nur wer ungeprüft Verträge unterschreibt, kann wirklich übers Ohr gehauen werden. In geprüften Verträgen sind auch die Rechte des Franchise-Gebers eingeschränkt. So kann er z. B. auch nicht mit Vertragsstrafen drohen, wenn sein Franchise-Nehmer von den Empfehlungen der Zentrale abweicht.
Gebietsschutz	Steht im Vertrag gar nichts über mögliche Konkurrenz nebenan, sollten Sie hellhörig werden. Andererseits: Auch die weit reichende Gebietsschutzzusage des Lizenzgebers sollte keinen Franchise-Nehmer zu der irrigen Annahme verleiten, dass darin eine bequeme Umsatzgarantie stecke. Konkurrenz droht schließlich nicht nur durch andere Lizenznehmer des gleichen Franchise-Systems, sondern auch durch jeden anderen Anbieter in der gleichen Branche.	Der Franchise-Nehmer sollte sich vertraglich zusichern lassen, dass in unmittelbarer Nähe seines eigenen Standortes keine weiteren Lizenzen für das von ihm betriebene System vergeben werden. Problematisch können Gebietsschutzklauseln oft werden, wenn sie den Franchise-Nehmer in seiner weiteren Expansion einschränken. Es sollte deshalb sichergestellt werden, dass dem Franchise-Nehmer die Eröffnung weiterer Geschäfte nicht verboten wird.
Kündigungsrecht	Normalerweise erstrecken sich Franchise-Verträge über einen längeren Zeitraum. Üblich sind fünf bis zehn Jahre. Völlig unüblich ist es jedoch, Verträge auf unbegrenzte Zeit abzuschließen.	Eine lange Vertragsdauer hat aber auf eine außerordentliche Kündigung (z. B. bei Vertragsbruch des Franchise-Gebers) keinen Einfluss. Denn eine Kündigung aus wichtigem Anlass (z. B. nebenan eröffnet doch ein zweiter Lizenznehmer) kann durch vertragliche Vereinbarungen nicht ausgeschlossen werden.

Gebühren für die Übernahme der Franchise-Idee

Auch die Gebühren werden durch den zu schließenden Vertrag genau geregelt.

Möglich sind folgende Zahlungsverpflichtungen über das Startkapital hinaus:

Einmalige Eintritts- bzw. Grundgebühr für
▶ Standortberatung
▶ Einrichtungsplanung
▶ Rentabilitätsberechnungen
▶ Grundschulung
▶ Eröffnungswerbung

Zahlungsver-
pflichtungen

Laufende Gebühren für
▶ Marketing und
▶ betriebswirtschaftliche Dienste der Systemzentrale
▶ ständige Schulung der Mitarbeiter

Gesonderte Gebühren
(werden nicht von allen Franchise-Gebern erhoben)
▶ Werbekosten für besondere Aktionen

Manche Franchise-Systeme sehen allerdings auch gar keine Franchise-Gebühren vor. In diesen Fällen sind dann fast immer die Leistungen des Franchise-Gebers über den höheren Bezugspreis der vertraglich abzunehmenden Waren abgedeckt.

✉ Musterbrief: Abmahnung an den Franchise-Geber

Vor einer außerordentlichen Kündigung muss der Franchise-Nehmer den Franchise-Geber korrekt abmahnen, damit dieser juristisch noch die Chance bekommt, sein Geschäftsgebaren zu ändern.

Einen solchen Brief, der Ihnen bei der Wahrung Ihrer Rechte helfen kann, sollten Sie unbedingt als »Einschreiben mit Rückschein« verschicken.

Paul Mustermann
Lindenstraße
30559 Hannover

An die Firma
Lollipop
Blumenstraße
70372 Stuttgart   Hannover, den ...

Mein Franchise-Vertrag Nr. ... mit Ihrer Firma

Sehr geehrte Damen und Herren,

bei einem Blick in unsere Lokalzeitung musste ich feststellen, dass in unmittelbarer Nähe meines Geschäftes demnächst eine weitere Filiale Ihres Unternehmens eröffnet. Ich weise Sie darauf hin, dass es sich hierbei um eine Vertragsverletzung Ihrerseits handelt, da mir in § ... unseres Vertrages zugesichert wurde, dass ich im Umkreis von fünf Kilometern den einzigen Bonbonladen Ihrer Kette unterhalten werde.

Ich behalte mir ausdrücklich weitere rechtliche Schritte wie z. B. Kündigung meines Vertrages mit Ihnen oder/und Schadenersatzforderungen vor.

Für eine Stellungnahme setze ich Ihnen einen Termin bis zum ... (etwa drei Wochen nach Absendetag, konkretes Datum benennen!).

Hochachtungsvoll

Paul Mustermann

SCHEINSELBSTSTÄNDIGKEIT – EIN BOSS MIT TOTALER ABHÄNGIGKEIT

Im Zuge wachsender struktureller Veränderungen in unserer Wirtschaft wird sich in den kommenden Jahren ein neuer Trend zusehends verstärken: die Auslagerung bestimmter Tätigkeiten aus Großunternehmen. Damit ist der Versuch verbunden, bisher angestellte Mitarbeiter künftig als selbstständige Unternehmer zu beschäftigen – obwohl diese Menschen nahezu mit den gleichen Aufgaben betraut sind, die sie auch bisher im Rahmen eines größeren Unternehmens ausgeführt haben.

Auslagerung von Tätigkeiten

Die Vorteile für die bisherigen Arbeitgeber

▶ Leistungen werden nur noch dann bezahlt, wenn sie tatsächlich benötigt werden.

▶ Die bisherigen Arbeitgeber sind nicht mehr gezwungen, für bestimmte Aufgaben ständig eine größere Zahl von Mitarbeitern »bereitzuhalten« und diese auch dann zu bezahlen, wenn sie gar nicht beschäftigt sind.

▶ Arbeitgebernebenkosten fallen nicht mehr in der bisherigen Form an.
Kostenintensive Krankheits- und Ausfallrisiken der bisher Beschäftigten sind nicht mehr vom Unternehmen zu tragen.

▶ Mitbestimmungsrechte der Arbeitnehmer, z. B. durch Personal- und Betriebsräte, spielen für das Unternehmen bei selbstständigen Mitarbeitern keine Rolle mehr.

▶ Statt sich an geltende einheitliche Tarifverträge, die für gleiche Arbeit annähernd gleichen Lohn versprechen, bindend zu halten, kann der Arbeitgeber nunmehr freie Unternehmer mit ihren Preisen gegeneinander ausspielen.

Die Risiken für den Existenzgründer in der »Scheinselbstständigkeit«

▶ Er macht sich von einem einzigen Auftraggeber abhängig.

▶ Er genießt nicht mehr die bisherige soziale Absicherung, deren er sich bei Ausführung der gleichen Tätigkeit als Angestellter sicher sein konnte.

▶ Er riskiert bei vorübergehender Auftragsflaute erhebliche Einnahmeausfälle, die bisher durch Lohngarantien seines Arbeitgebers aufgefangen wurden.

▶ Er muss Risiken übernehmen, die bisher zum Unternehmerrisiko seines Arbeitgebers gehörten und für die er nur einen vergleichsweise geringen finanziellen Ausgleich erhält.

Scheinselbstständigkeiten – in diesen Branchen boomt der Trend

Technische Berufe/Baugewerbe

Ein Spiel, das ganz und gar zugunsten des Großunternehmers läuft, ist die Beauftragung von Subunternehmern.

Beispiel: *Der Maurermeister, der bisher bei einem großen Bauunternehmen z. B. als Polier fest angestellt war, wird künftig als freier Unternehmer beauftragt. Die Vorteile für das Unternehmen sind riesig: Es braucht keine Sozialabgaben mehr für ihn zu übernehmen. Der neue Subunternehmer genießt auch bei schlechter Auftragslage keinen Arbeitsplatzschutz mehr. Das Risiko von Krankheiten und Berufsunfähigkeit hat er allein abzusichern. Auch Schlechtwettergeld entfällt. Noch mehr: Um die Aufträge seines bisherigen Chefs überhaupt bewältigen zu können, muss er womöglich selbst Mitarbeiter oder Helfer beschäftigen. Damit nimmt er seinem bisherigen Arbeitgeber auch noch in diesem Bereich das Unternehmerrisiko ab.*

Trend zur Scheinselbstständigkeit

Unterm Strich ergibt sich daraus: Für einen vergleichsweise geringen Mehrertrag muss der frisch gebackene Selbstständige zahlreiche Risiken eingehen, denen er bisher als Maurermeister im Angestelltenverhältnis nicht ausgesetzt war. Seine Abhängigkeit von einem Hauptauftraggeber verhindert zu Anfang womöglich auch, Beschäftigungsalternativen für sein Unternehmen zu finden.

Zahlreiche Risiken

Da bleibt den Maurermeister die Freude darüber, ein freier Unternehmer zu sein, im Halse stecken.

> **Tatsächlich** genießt der Subunternehmer nur den Schutz eines Tagelöhners, der weder die Möglichkeit hat, eigene Preise zu diktieren, noch über den jeweiligen Auftrag hinaus planen kann.

Datenverarbeitung

Häufig kommt es vor, dass Mitarbeiter eines größeren Unternehmens die Chance bekommen, für den bisherigen Arbeitgeber als »freie Berater« oder »Dienstleister« tätig zu werden. Sie erledigen dieselbe Arbeit wie vorher. Aber nun werden auf eigene Rechnung Programme umgestellt, Arbeitsplätze eingerichtet und eventuell Software-Anpassungen durchgeführt.

Im ersten Moment erscheint das fast immer sinnvoll, weil der Ertrag stimmt. Aber: Auch hier gibt es kaum die Möglichkeit, sich nebenbei um weitere Auftraggeber zu bemühen. Am Ende ergibt sich wieder die totale Abhängigkeit. Und was könnte die Folge sein, wenn der größere Unternehmer Preise drücken oder einzelne Anbieter gegeneinander ausspielen will?

Große Abhängigkeit

> **Der Selbstständige** kann leicht erpressbar werden, weil sich ihm meistens keine Alternativen zur Arbeit für den Hauptauftraggeber bieten.

Kraftverkehr

Hier läuft es ähnlich wie im Baugewerbe: Der bisher angestellte Kraftfahrer wird von seinem alten Arbeitgeber angeregt, er möge sich doch selbstständig machen und dann als Unternehmer weiter für ihn fahren. Auch hier verliert der bisher angestellte Arbeitnehmer auf einen Schlag alle Arbeitnehmerrechte und nimmt seinem bisherigen Chef zugleich einen Großteil der unternehmerischen Risiken ab.

Kaum Beschäftigungsalternativen

Von der Lohnfortzahlung im Krankheitsfalle einmal abgesehen: Auch bei einer Auftragsflaute muss der neue Unternehmer mit ganz erheblichen Einkommenseinbußen rechnen. Die Kosten für das Fahrzeug, von der Anschaffung bis hin zu den Ausgaben für den laufenden Unterhalt (z. B. sehr hohe Versicherungsprämien), hat er aus der eigenen Tasche zu bezahlen. Und das alles ohne Garantie dafür, dass sich seine Investitionen durch eine genügende Zahl von Aufträgen tatsächlich auszahlen.

> **Der selbstständige Unternehmer** hat auch noch andere Kosten als die für die eigene Sicherheit (z. B. Krankenkasse, Altersversorgung) zu tragen, die bisher ins Risiko seines Chefs fielen (z. B. Kauf, Wartung, Reparatur und Unterhalt von Maschinen oder Computern).

Scheinselbstständigkeiten sind oft ein Fall fürs Gericht

In der Scheinselbstständigkeit sehen Gewerkschaften und Sozialpolitiker eine massive Bedrohung des bisherigen Sozialsystems. Dem Gesetzgeber und den Arbeitsgerichten ist sie auch deshalb ein Dorn im Auge, weil damit ein Abbau von Arbeitnehmerrechten und Arbeitnehmerschutzvorschriften verbunden ist und gleichzeitig die Aushöhlung des bisherigen Sozialsystems betrieben wird.

Letztlich doch Arbeitnehmerverhältnisse

Richtig kassieren wird dabei, vorbei an Sozial- und Steuertöpfen, nur einer, nämlich der bereits etablierte Großbetrieb.

Die Konsequenz daraus ist, dass in einer Vielzahl von Arbeitsgerichtsverfahren solche Fälle von Scheinselbstständigkeit durchleuchtet und letztlich als klare Arbeitnehmerverhältnisse eingestuft wurden.

Wenn Sie wegen einer Scheinselbstständigkeit vor Gericht gehen, haben Sie gute Chancen, wenn diese Voraussetzungen gegeben sind:

▶ Sie führen lediglich weisungsgebundene Tätigkeiten aus.

▶ Sie stehen in einer völligen Abhängigkeit zu Ihrem früheren Auftraggeber, weil Sie gar keine Möglichkeit für die Übernahme weiterer Aufträge haben, z. B. wegen der Einsatzzeiten.

▶ Sie üben dieselben Tätigkeiten aus, die Sie vorher schon als Arbeitnehmer für das gleiche Unternehmen übernommen hatten.

▶ Ihre Leistung wird in den Räumlichkeiten des Auftraggebers erbracht. Eventuell sogar an einem fest eingerichteten Arbeitsplatz mit Namensschildchen an der Tür?

▶ Dabei werden Einrichtungen des Auftraggebers (Maschinen, Geräte) benutzt.

▶ Sie sind eventuell sogar weiterhin in der Telefonliste des Auftraggebers vertreten?

Auf Festeinstellung klagen

Wenn diese Punkte erfüllt sind, können Sie als falscher »Unternehmer« mit gutem Erfolg auf Festeinstellung klagen. Für den Arbeitgeber gibt es noch eine weitere böse Überraschung: Er muss Lohnsteuern und Sozialabgaben nachentrichten, eventuell noch Strafe zahlen, weil er einen Umgehungsvertrag geschlossen hatte.

Selbst Ihnen als Unternehmer kann man nicht dazu raten, Arbeitnehmer als Selbstständige zu beschäftigen. Denn damit sind zahlreiche Risiken verbunden.

Im Einzelfall, zum Beispiel bei Lohnsteuerhinterziehung, sind solche Beschäftigungsverhältnisse sogar illegal.

Wie man auf ein Angebot von Scheinselbstständigkeit reagieren kann

»Sie können doch die gleichen Tätigkeiten wie bisher als selbstständiger Unternehmer ausführen.« Da steht er nun im Raum, der Satz, der so viel verspricht und so wenig hält. In den meisten Fällen ist es dann besser, knallhart abzulehnen. Wenn es wirklich die gleiche Arbeit wie bisher ist, haben Sie keine Chance, nebenbei weitere Jobs anzunehmen, die Auftragsbasis zu verbreitern und damit eine echte Selbstständigkeit zu erreichen. Wenn

- Sie aber dieselben Tätigkeiten auch für andere Unternehmen erbringen können,
- das feste Auftragspolster Ihres bisherigen Arbeitgebers lediglich als Grundauslastung dient,
- Sie durch einen längerfristigen Dienstleistungsvertrag mit Ihrem bisherigen Arbeitgeber das Startrisiko abgefedert haben,

kann die Sache sinnvoll und eine gute Startbasis sein.

Vorteile beim Start

Solches Unternehmertum ist nur auf den ersten Blick attraktiv

Wenn Ihr Arbeitgeber Ihnen eine solche Scheinselbstständigkeit anbietet, wird er natürlich nur die Vorteile für Sie in den Vordergrund stellen und Ihnen eine tolle Rechnung aufmachen. Denn er könnte Ihnen anbieten, als Honorar für die selbstständige Tätigkeit künftig genauso viel zu bezahlen, wie er einschließlich aller Nebenkosten für Sie als Angestellten ausgab. Das wären bei einem Jahreseinkommen von brutto ca. 120.000 DM rund 230.000 DM, die Sie dann bekommen würden.

Oberflächlich betrachtet, auf der Basis dieses einen Auftrags für das eine Jahr, geht die Rechnung für Sie auf. Während das zu versteuernde Einkommen des Angestellten bei ca. 100.000 DM liegt (alle Sozialabgaben herausgerechnet), hat der Selbstständige rund 155.000 DM zu versteuern. Da springen je nach Familienstand und Kinderzahl etliche Tausender mehr heraus. Aber Sie dürfen nicht nur das eine Jahr betrachten, sondern müssen den Plan kritisch hinterfragen:

- Was tun Sie nach Ablauf dieses Jahres?
- Wird es einen Anschlussauftrag dieses Unternehmens geben?
- Wird es Ihnen gelingen, einen Auftrag von einem anderen Unternehmen zu bekommen?

Sinkende Honorare

- Wird man bei einem Anschlussauftrag versuchen, Ihr Honorar zu drücken, weil man weiß, dass Sie sonst als selbstständiger EDV-Berater zu Hause sitzen und Däumchen drehen, deshalb also sogar bereit wären, für einen geringeren Betrag zu arbeiten?
- Oder war das Ganze nur ein Trick, Sie auf bequeme Weise loszuwerden?

Überlegen Sie doch mal wie ein Unternehmer, der Sie ja auch sein wollen: Sie haben sich die Arbeitsleistung eines Angestellten für ein Jahr gesichert und können sich dann dessen ohne jeden Kündigungsschutz entledigen. Oder angenommen, Sie brauchen seine Dienste auch im kommenden Jahr noch: Würden Sie in diesem Fall als Auftraggeber nicht angesichts der sich bietenden Möglichkeiten auch jede Chance nutzen, die Honorarkosten zu senken und den EDV-Berater im Preis zu drücken?

Wenn ja, dann wissen Sie jetzt, wohin Sie diese Scheinselbstständigkeit führt: in eine moderne Form des Wanderarbeitertums ohne jede soziale Absicherung.

Wo stecken die besten Chancen?

Vielleicht haben Sie anhand der vorherigen Kapitel überlegt, ob sich die Möglichkeiten einer Partner- oder Teilhaberschaft bzw. des Franchising wirklich mit Ihren Vorstellungen decken.

Und vielleicht sind Sie doch eher von dem Gedanken begeistert, allein in die Selbstständigkeit zu starten. Ihnen liegt es mehr, den mühsamsten und risikoreichsten Weg zu gehen und es ganz allein zu versuchen?

Dann werden Ihnen die folgenden Hinweise für Konzeptprüfung und Standortwahl wertvolle Dienste leisten. Denn die Neugründung kann meistens in keiner Weise auf Vorhandenes (z. B. Idee oder Standort) zurückgreifen.

Andererseits könnte aber ja gerade das auch die angenehme Herausforderung einer Neugründung sein. Wer hat als Selbstständiger schon Lust, ein marodes Unternehmen aufzukaufen und mühsam auf den richtigen Weg zu führen? Aber auch der totale Neustart ist nicht ohne Kapital zu schaffen:

> **Das sollten Sie immer vor Augen haben:** Bei einer völligen Neugründung sind durchschnittlich etwa 300.000 DM als Anfangsinvestition zu veranschlagen.

Damit dieses Anfangskapital nicht auf Nimmerwiedersehen in einer guten, aber dennoch gescheiterten Idee versickert, ziehen sich die für Neugründungen besonders wichtigen Faktoren wie ein roter Faden durch alle folgenden Kapitel dieses Buches. Aber bevor Sie weiterlesen, sollten Sie noch einmal Ihren Mut und Ihr Fachwissen im folgenden kleinen Test prüfen. Er kann zeigen, ob Sie wirklich der Einzelkämpfertyp für eine Neugründung ohne Partner sind.

Konzept- und Standortprüfung

69

⚡ Blitztest: Gelingt Ihnen der Start auch im Alleingang?

Zehn Fragen an den Neugründer	Antwort ja	nein
Besitze ich ausreichende kaufmännische Grund-kenntnisse, um ein Unternehmen im Vorfeld kalkulieren, aufbauen zu können?	❏	❏
Habe ich tatsächlich eine Unternehmensidee, die auf Dauer gesehen eine tragfähige Existenz verspricht und bei der es sich nicht nur um das Aufsatteln auf einen augenblicklichen Trend handelt?	❏	❏
Habe ich durchkalkuliert, ob sich der Einsatz an Geld und Zeit überhaupt lohnt?	❏	❏
Ist die Kapitaldecke ausreichend, um notwendige Investitionen finanzieren und eventuelle Anlauf-schwierigkeiten überbrücken zu können?	❏	❏
Sind genügend Reserven vorhanden, um eventuell auch eine Anlaufzeit von zwei Jahren überstehen zu können, in der die Gewinne des Unternehmens für den bisherigen Lebensunterhalt der Familie nicht ausreichen?	❏	❏
Ist genug Kapital vorhanden auch für die Zeit, bis ein ausreichender Kundenstamm aufgebaut worden ist?	❏	❏
Genügen die Finanzmittel auch, um anfängliche Fehler, z. B. bei der Ausrichtung des Angebots oder des Sortiments, auszugleichen und notwendige Umstellungen vorzunehmen?	❏	❏
Sind die eigenen Erwartungen hinsichtlich des Umsatzes und des Gewinns durch Beratungen z. B. durch die Experten der Handwerks- oder Industrie- und Handelskammern bestätigt worden?	❏	❏
Ist die private Situation so stabil, dass die in einer Gründungsphase zwangsläufig auftretenden Be-lastungen mühelos weggesteckt werden können?	❏	❏
Steht Ihr privates Umfeld so hinter Ihnen, dass Sie vorläufig von kleinen Alltagssorgen befreit sind?	❏	❏
Es gilt wieder: Je häufiger Sie mit »Ja« geantwortet haben, desto besser sind Ihre Chancen.		

Einzelhandel, Dienstleistung oder andere Branchen

Strukturwandel ist ein Wort, das für Sie als Unternehmer Bedeutung bekommen wird. Bisher wurden Ihnen viele Fragen zu Ihrer Motivation und Ihrer Geschäftstüchtigkeit gestellt. Das alles nutzt Ihnen aber nur wenig, wenn Sie sich nicht auch mit den Gegebenheiten des Marktes beschäftigen. Also mit der wirtschaftlichen Struktur im Allgemeinen, auf die Ihr Unternehmen treffen wird.

Marktstruktur

Wichtig! Eine Marktlücke, die sich gestern aufgetan hat und die heute für glänzende Geschäfte sorgt, kann sich bereits morgen durch strukturelle Änderungen völlig schließen.

Einfache Antworten auf die Fragen unserer wirtschaftlichen Zukunft sind die folgenden Geschäftsideen:
- ein Altenheim
- ein Spezialitäten-Schnellrestaurant mit Liefer- und Partyservice
- ein Sport-Clubhotel für Wochenendgäste und für kleine Tagungen
- eine Agentur zur Vermittlung von Freizeitpartnern
- eine Wochenend-Schönheitsfarm
- ein Beratungs- oder Schulungsservice für private EDV-Nutzer
- ein Seniorenpflegedienst

Damit sind Sie nämlich recht eindeutig auf der sicheren Seite. Bei der Entscheidung, ob nun gerade Ihre eigene Idee an Ihrem Standort eine gesunde Zukunft hat, helfen Ihnen solche einfachen Ratschläge jedoch nicht.

Unter- wie Arbeitnehmer unterscheiden sich in einem Punkt nicht: Beide müssen sich den ständig wechselnden Erfordernissen des Marktes anpassen. Und sie müssen eventuell auch bereit sein, mit einer anderen Sache noch einmal völlig neu

Arbeitsmarkt der Zukunft

zu beginnen. Der Unterschied besteht lediglich darin, dass der Arbeitnehmer eine gewisse Arbeitsplatzsicherheit hat, während der Unternehmer – kennt er den Markt nicht – mit Haus und Hof untergeht.

Zukunfts-perspektive Für alle Entscheidungen, die wir heute treffen, ist es deshalb vor allem wichtig zu wissen, wie sich der Arbeitsmarkt in zehn oder noch mehr Jahren darstellt.

Fragen, die Sie nicht außer Acht lassen dürfen:
1. Wie verändern sich die Einkommen?
2. Wie verändern sich die Lebenshaltungskosten?
3. Wie verändern sich Lebensbedingungen allgemein?
4. Wie verändert sich das Konsumverhalten?
5. Wie verändert sich die Bevölkerungsstruktur?

Achtung: In Wirtschaftszeitschriften und Wirtschaftszeitungen finden Sie fundierte Zahlen, Informationen – und manchen guten Ratschlag.

Zukunftsträchtige Branchen für Existenzgründer

Dienstleistungen

Positiv: Mit Abstand der interessanteste Bereich für Existenzgründer. Denn erstens boomt die Branche, und zweitens gibt es unzählige Möglichkeiten. Oft ist es nur eine Frage der eigenen Idee, einen Dienstleistungsbedarf zu entdecken und die Lücke zu schließen.

Dienst-leistungs-branche Allein die Feststellung »Das gibt's noch nicht« ist aber keine tragfähige Basis, denn auch Flugzeuge mit drei Tragflächen gibt es nicht, weil sich zwei oder vier als sinnvoll erwiesen haben. Sehr gut sind die Aussichten z. B. in den Bereichen:
- Pflege und Betreuung z. B. von Senioren und Kranken,
- Handlingservice für Großunternehmen (z. B. Versand),
- Unternehmensberatung in Personal- und Rationalisierungsfragen,

- Bürodienstleistungen,
- Sicherheits- und Wachdienste,
- Umweltschutz, Entsorgung.

Negativ: Der Erfolg in Dienstleistungsbranchen hängt wesentlich von der eigenen Erfahrung und Ausbildung ab. Das Scheitern von Existenzgründern auch in zukunftsträchtigen Branchen ist oft nur auf das Fehlen dieser Voraussetzungen und mangelnde Marktkenntnisse zurückzuführen.

Was Sie vorher tun müssen:

Für die meisten Dienstleistungen ist keine besondere Erlaubnis erforderlich, jedoch muss die Eröffnung des Unternehmens dem örtlichen Gewerbe- bzw. Wirtschafts- und Ordnungsamt angezeigt werden.

Abhängig von der jeweiligen Tätigkeit, gibt es aber auch Voraussetzungen, die Sie erfüllen müssen. Etwa die Beschäftigung von examinierten Pflegekräften in der Krankenbetreuung oder der Nachweis persönlicher Zuverlässigkeit bei Sicherheitsdiensten. *(Anforderungen)*

Gaststätten- und Hotelgewerbe

Positiv: Eine gewisse Trendwende bahnt sich in dieser Branche an. In wirtschaftlich weniger erfreulichen Zeiten setzen die großen Firmen den Sparstift auch bei Spesenausgaben an. Das heißt Hotels, die auf geschäftliche Übernachtungen angewiesen sind, und Gastronomie für Spesenritter laufen zur Zeit nicht so gut. Im Bereich der Freizeitgestaltung ist das Hotel- und Gaststättengewerbe für Existenzgründer aber immer noch zu empfehlen. Gute Chancen bieten sich in folgenden Bereichen: *(Gastronomie und Hotelbetrieb)*

- Fast-Food-Betriebe,
- Wochenend- oder Ferienhotels mit Programmangebot,
- Beherbergungsbetriebe mit gutem Preis-Leistungs-Verhältnis in der mittleren Kategorie.

- Erlebnisgastronomie,
- Trendgastronomie,
- Konzeptgastronomie.

> **Negativ:** Die Konjunkturabhängigkeit macht aus der Traumidee manchmal harte Realität. Ganz wichtig ist aber auch, dass sich der künftige Kneipier oder Hotelbesitzer keine allzu romantischen Vorstellungen von seinem Arbeitsalltag macht. Sowohl körperlicher Einsatz (Einkauf, Kisten schleppen, stundenlanges Stehen etc.) als auch die ständig notwendige Anwesenheit tags und nachts (nirgendwo werden Chefs von ihren Mitarbeitern so betrogen wie in diesem Bereich) zehren an den Kräften.

Was Sie vorher tun müssen:

Für die Erteilung einer Genehmigung, ein Hotel oder eine Gaststätte zu eröffnen, brauchen Sie:

- Nachweis über die persönliche Zuverlässigkeit (Führungszeugnis),
- Nachweis über die Teilnahme an einem Kursus über die Hygienevorschriften,

Anforderungen
- Genehmigung für die Betriebsräume, die den Anforderungen des Gaststättengesetzes, den Hygienevorschriften und den Feuerschutzbestimmungen entsprechen müssen.

Auch vor der Übernahme von Gaststätten sollte übrigens sorgfältig geprüft werden, ob diese Genehmigungen tatsächlich vorliegen. Hygienekurse finden regelmäßig bei den Industrie- und Handelskammern statt.

Datenverarbeitung

Positiv: Wer den Anwendern sagt, welche Geräte mit welcher Ausstattung für sie am sinnvollsten sind, und in der Lage ist, Standardprogramme auf die jeweiligen Bedürfnisse eines Einzelunternehmens hin umzuwandeln, sowie bei Störfällen »erste Hilfe« bis hin zur Rettung verschwundener Daten leisten kann, hat gute Chancen. Als lukratives Nebengeschäft bietet sich der Handel an – ohne Warenlager und Ausstellungsräume, weil nur entsprechend den jeweiligen Kundenerfordernissen eher vermittelt als verkauft wird. Es gibt hervorragende Chancen im Service-, Anwendungs- und Beratungsbereich, z. B. mit

- EDV-Betriebsberatung,
- Programmanpassung und -entwicklung,
- laufender Anwendungsberatung und Schulung,
- Installation und technischem Service.

Die Chancen, sich auch mit sehr geringem Eigenkapital in diesem Bereich zu etablieren, sind sehr gut, hängen aber stark von den persönlichen Möglichkeiten und Fähigkeiten ab. Dies sollte, z. B. im Rahmen einer als Nebenjob betriebenen Tätigkeit, zunächst mal ausgetestet werden.

Datenverarbeitung

Negativ: Schlecht sind die Aussichten im Handelsbereich, also beim Verkauf von Hard- und Software. Als Einzelhändler haben Sie kaum eine Chance gegen die Marktmacht großer Anbieter, die über Sonderkonditionen der Hersteller jeden Kleinanbieter vom Markt fegen können.

Was Sie vorher tun müssen:

Im reinen Dienstleistungsbereich (Anwendungsberatung) sind keine besonderen Vorschriften zu beachten oder Voraussetzungen zu erfüllen. Etwas anders stellt sich die Situation dar, wenn technischer Service bis hin zur Installation angeboten werden soll.

Anforderungen

Finanz- und Versicherungswesen

Positiv: Je mehr die Geldinstitute ihre Geschäfte über Geldautomaten oder Kontoauszugsdrucker laufen lassen, desto interessanter wird diese Branche für:

- Versicherungsmakler,
- Anlageberater,
- Finanzierungsberater (z. B. Baufinanzierungen).

75

Denn bei einigen Großbanken ist heute schon der Trend erkennbar, die fast mitarbeiterlose Zweigstelle einzuführen. Der Kunde bedient sich selbst. Wünscht er eine Beratung zu Geldanlagen oder Versicherungen, die sich mittlerweile fast alle Banken als Tochtergesellschaften einverleibt haben, lässt man den Berater zu sich nach Hause kommen. Allerdings sind hier nur wirklich selbstständige und unabhängig von Einzelunternehmen (Banken, Versicherungen) auszuübende Tätigkeiten zu empfehlen, bei denen nicht die Provisionsschinderei im Vordergrund steht, sondern der Kunde branchenübergreifend bedient und beraten werden kann.

Finanz- und Versicherungswesen

Negativ: Unbedingt abzuraten ist von jeder selbstständigen Tätigkeit im Rahmen eines Strukturvertriebes. Erfahrungsgemäß sind die Umsätze im ersten Jahr der meist freiberuflich beginnenden Tätigkeit viel versprechend. Aber dies ist keine Basis für eine Selbstständigkeit, denn meist brechen die Erträge weg, sobald der eigene Freundes-, Verwandten-, und Kollegenkreis abgegrast ist. Weil die Verträge meistens schlecht sind, ist man hinterher nicht nur den Job, sondern auch die Freunde los.

Was Sie vorher tun müssen:
Wollen Sie als Makler gewerbsmäßig die Vermittlung von
- Immobilien,
- Darlehen,
- Kapital- und Vermögensanlagen

betreiben, so ist diese Tätigkeit genehmigungspflichtig. Bedingung für die Erteilung der Genehmigung ist die persönliche und wirtschaftliche Zuverlässigkeit. Bei Finanzgeschäften müssen außerdem Sicherheiten nachgewiesen werden, die den Auftraggeber vor Vermögensverlust schützen sollen. Und für diese Gewerbe gelten bestimmte Buchführungspflichten. Die Bücher müssen einmal jährlich durch anerkannte Prüfer kontrolliert werden; deren Berichte muss man der Aufsichtsbehörde zur Verfügung stellen.

Anforderungen

Nachrichtentechnik

Positiv: Der Wandel zur Kommunikationsgesellschaft hat gerade erst begonnen, immer neue Techniken der Nachrichtenübermittlung werden unser Leben verändern.

● Handel mit Nachrichtentechnik,
● Service für Nachrichtentechnik,
● Dienstleistungen für Netzbetreiber

sind Bereiche, die Zukunft haben. Wobei sich Service und Handel auf Geschäfte mit privaten und geschäftlichen Nutzern gleichermaßen richten. Die Dienstleistungen sind vor allem als Subunternehmen für Netzbetreiber zu erbringen, etwa im Entstörungs- oder Sprechstellenbau für die Telekom oder die jetzt neu in den Markt drängenden privaten Netzbetreiber nicht nur beim Mobilfunk. Denn die werden sich angesichts hoher Investitionen für den Netzaufbau nicht auch noch ständige Kapazitäten im Servicebereich als Kostenfaktor sofort fest ans Bein binden wollen.

Subunternehmen für Netzbetreiber

Chancen hat in diesem Bereich nur, wer über eine fachliche Eignung und eine gute Ausbildung verfügt. Unsinnig ist es, als einzelner Subunternehmer z. B. für Dienstleistungsfirmen zu beginnen, die selbst ihre Aufträge von den Netzbetreibern erhalten.

Negativ: Wer hier in der Vergangenheit mitmischte, konnte auch die negativen Auswirkungen einer Boom-Branche erleben: Zahlreiche Einzelunternehmer, die in den letzten Jahren vor allem auf den Mobilfunktrend setzten, haben bereits wieder aufgegeben, wurden durch Dumpingpreise der Netzanbieter und Verbrauchermärkte zum Teil sogar in den Konkurs getrieben. Zu groß war die Abhängigkeit von einem Dienstanbieter, zu stark der Verfall von Gerätepreisen und Gewinnspannen, zu groß der Konkurrenzdruck von Kaufhäusern oder Technik-Verbrauchermärkten, die plötzlich ebenfalls in das Geschäft einstiegen und durch Großeinkäufe mit Sonderkonditionen keine Spielräume für kleine oder mittlere Anbieter mehr ließen.

Was Sie vorher tun müssen:
Zum Teil sind hier auch die Vorschriften für den Handwerksbereich (bei der Kammer oder Innung) zu beachten.

Werbung/Medien

Der Sprung in die Selbstständigkeit in diesem Bereich funktioniert am besten, wenn ein Redakteur, ein Etat- oder Art-Direktor aus ihrem bisherigen Angestelltenverhältnis in die Selbstständigkeit gehen. Denn Kontakte und Ansprechpartner sind unerlässlich.

Positiv: Trotz der Verschiebung von gedruckten zu elektronischen Medien ist das Werbevolumen insgesamt weiter gestiegen – wenngleich konjunkturelle Entwicklungen immer wieder für Überraschungen sorgen, Werbeetats schlagartig zusammenschmelzen oder explodieren lassen. Neue Agenturen und Anbieter entstehen meistens durch Zellteilung, wenn bisherige Etat- oder Art-Direktoren sich auf eigene Füße stellen und dabei dann gleich noch den einen oder anderen Kunden ihres ehemaligen Chefs mitnehmen.

Relativ großes Werbevolumen

Deutlich ist bei sinkenden Erträgen pro Einzelprojekt im Medienbereich, ob Sender, Zeitung oder Zeitschrift, dass zunehmend Grundaufgaben der Verlage oder Redaktionen nach außen verlagert werden. Gute Chancen ergeben sich dadurch

- als Produktionsfirma (Text, Bild, Layout, TV komplett),
- im Entwicklungsbereich (Marktvorbereitung neuer Projekte),
- als Mediaplaner,
- als Werbeberater.

Negativ: Die ersten Aufträge kommen meist aus einer einzigen Hand. Achtung: Abhängigkeit droht! Wer sich in diesem Bereich selbstständig macht, sollte möglichst bald sehen, dass er wirklich auf eigene Füße kommt und sich von Aufträgen ehemaliger Arbeitgeber unabhängig macht. Akquisition muss einen großen Stellenwert haben. Und dafür braucht man Zeit, die man bei einer ersten Finanzplanung mit bedenken sollte.

Was Sie vorher tun müssen:
In Teilen des Kreativbereichs gibt es noch nicht einmal staatlich anerkannte Berufsausbildungen. Also für den Gesamt-
bereich kaum Auflagen.

Anforde-
rungen

Handwerk

Positiv: Ein solide geführter Handwerksbetrieb mit bis zu
acht Mitarbeitern bietet auch heute noch eine sichere Exis-
tenzgrundlage. Die Einkommenserwartungen dürfen jedoch
nicht zu hoch geschraubt werden. Und weil der Unternehmer ständig selber mit ranmuss, liegt dessen Stundenlohn
oft nur unwesentlich über, oft sogar unter dem Einkommen
von Berufskollegen in der Industrie.

Negativ: Handwerk hat goldenen Boden. Diese Regel
würde zwar jeder Bauherr unterschreiben, der sich mit der
Bezahlung gepfefferter Rechnungen herumquält, in der
Realität sieht es leider anders aus. Bedingt durch hohe
Personal- und Sachgemeinkosten liegen die Reinerlöse oft
nur im Bereich von fünf Prozent des Umsatzes. Und das
absolute Ergebnis lässt sich durch die Akquisition weiterer
Aufträge und damit steigende Umsätze kaum verbessern.
Wird mehr gearbeitet, steigern sich automatisch auch die
Gemeinkosten. Der Reinerlös sinkt.

Zudem boomt das private Do-it-yourself-Gewerbe. Und als
Meister heute noch einen wirklich fähigen Gesellen zu finden
wird auch immer schwieriger, denn die verdienen ihr Geld lieber schwarz.
Nach einer Untersuchung der Zeitschrift »Capital« beteiligen sich inzwischen auch die Handwerksbetriebe selbst
(Aufträge ohne Rechnungen) munter an dieser illegalen Geschäftspolitik. Offensichtlich sind schon heute viele Handwerksbetriebe darauf angewiesen, wegen ungenügender
»weißer« Ergebnisse auf diese Weise zusätzlich die »schwar-
ze« Kasse zu füllen.

Problem:
Schwarzarbeit

Eine Förderinitiative soll mit zahlreichen Anreizen, unter anderem einem Ausbildungszuschuss für den Besuch von Meisterschulen, mehr Gründe zum Sprung in die handwerkliche Selbstständigkeit schaffen.

Was Sie vorher tun müssen:

Anforderungen

Wer einem Handwerk nachgehen will, muss die Meisterprüfung abgelegt haben. Dies wird vom Gesetz zur Ordnung des Handwerks geregelt, das kaum Ausnahmen zulässt. Es gibt aber die Möglichkeit, ein handwerksähnliches Gewerbe zu betreiben – ohne dass man die Meisterprüfung bestanden hat. Wann dies erlaubt ist, regeln § 18 ff. und die Anlage B zum Gesetz zur Ordnung des Handwerks. So darf z. B. eine Flickschneiderei ohne Meistertitel geführt werden.

WAS TAUGT IHRE GESCHÄFTSIDEE WIRKLICH?

Wer ein Geschäft aufbauen will, braucht ganz sicher Phantasie (für eine Idee), Mut (für den Sprung in die Selbstständigkeit) und einen Taschenrechner. Denn jetzt müssen Sie sich daranmachen auszurechnen, wie gut Ihre Idee wirklich ist. Die wichtigste Planungsgröße ist dabei für Sie Ihre ganz

Persönliche Umsatzerwartung

persönliche Umsatzerwartung im konkreten Einzelfall. Es gibt zwei Methoden zur Berechnung:

- Sie rechnen sich aus, wie hoch Ihr Gewinn sein muss, um alle Kosten zu tragen und Ihr Leben zu finanzieren. Dann checken Sie, wie hoch der Umsatz Ihres Geschäftes für diesen Gewinn sein muss. Buchhalter nennen das **die Heraufrechnung.** Wichtig dabei: Wie realistisch sind Ihre nun errechneten Umsatzerwartungen? Oder:
- Natürlich geht es auch genau andersherum. Unter Berücksichtigung möglichst vieler Faktoren ermitteln Sie zunächst, wie viel Umsatz realistisch ist, und kommen dann von dieser Größe auf den Gewinn. Das nennt der Fachmann **die Herabrechnung.**

Der Einfachheit halber geht es im Folgenden mit der Herabrechnung weiter. Denn dann müssen nicht alle betriebswirtschaftlichen Muster- und Beispielrechnungen auf den Kopf gestellt werden. Zunächst soll uns nur der Umsatz beschäftigen. Und da kann ich Ihnen leider eigene Recherchen nicht ersparen. Denn jetzt kommt es doch schon sehr individuell auf Ihre Branche und Ihren Standort an – beides aber kennen bisher nur Sie. Deshalb können auch nur Sie die Fragen beantworten. Allerdings nicht allein, sondern z. B. im Zusammenspiel mit Beratern. Sie werden übrigens schnell feststellen, dass wir uns hier kein reines Zahlenspiel liefern. Das wäre Unsinn, denn niemand gibt Geld ohne Grund aus. Also hängen die zu erwartenden Umsätze direkt mit der von Ihnen erdachten Unternehmensidee bzw. dem Produkt zusammen. All das wurde in dem folgenden Test berücksichtigt, bei dem Sie bitte alle Fragen beantworten. Wenn Sie mit »Nein« antworten müssen, sollten die entsprechenden Punkte später in aller Ruhe durchdacht bzw. geklärt werden.

Der Umsatz ist an die Idee gekoppelt

⚡ **Blitztest: Fragen, die Sie sich bezüglich Ihrer Geschäftsidee stellen sollten**		
Wie gut ist Ihre Idee?	**Antwort**	
	ja	**nein**
Ist Ihre Idee bisher konkurrenzlos neu, oder, wenn nicht, hat Ihre Idee etwas völlig Einmaliges gegenüber anderen?	❏	❏
Bietet die Idee gegenüber anderen Angeboten einen Nutzen, der leicht erkennbar ist?	❏	❏
Haben Sie diese Idee selbst entwickelt oder verfeinert, also nicht irgendwo abgeschaut?	❏	❏
Haben Sie auch mal eine Negativliste zu Ihrer Idee aufgestellt, also aufgeschrieben, was alles eintreffen müsste, um Ihre Pläne scheitern zu lassen?	❏	❏
Wenn es um Kosten und Nutzen geht: Stehen die bei Ihrem Angebot in einem guten Verhältnis?	❏	❏

Wie gut ist Ihre Idee?	Antwort ja	nein
Begreift Ihr Kunde auf Anhieb, dass Ihr Konzept ihm Nutzen bringt?	❏	❏
Gibt es für Sie erkennbare Gründe, warum bisher noch niemand Ihre Idee umgesetzt hat?	❏	❏
Haben Sie über Ihre Idee mal im Freundeskreis gesprochen und dabei positive Reaktionen erfahren?	❏	❏
Haben Sie schon mal Experten mit Ihrer Idee konfrontiert und positive Einschätzungen bekommen?	❏	❏
Der Bedarf nach Ihrem Produkt – sind Sie sicher, dass er dauerhaft anhält?	❏	❏
Glauben Sie, dass sich Ihr Produkt auch ohne große Werbung durchsetzen wird?	❏	❏
Falls nicht – gibt es Reserven, um Werbung bezahlen zu können?	❏	❏
Kennen Sie Ihre Zielgruppe genau?	❏	❏
Wird Ihr Produkt auf eine regelmäßige, einschätzbare Nachfrage stoßen?	❏	❏
Wissen Sie, welche Kundenwünsche an Ihr Produkt gestellt werden?	❏	❏
Beruht die Betrachtung der Kundenwünsche auf Marktbeobachtungen bzw. -kenntnissen, also nicht auf bloßen Vermutungen?	❏	❏
Gibt es eindeutige Hinweise auf gute Zukunftsaussichten für Ihr Produkt, ist es also keine Eintagsfliege?	❏	❏
Ergibt sich durch Ihre Idee ein für Sie nutzbares Folgegeschäft, welches Einmalkunden zu Stammkunden macht?	❏	❏
Ist ein allgemeiner, künftiger Bedarf auch an Ihrem Standort vorhanden?	❏	❏
Wissen Sie, mit welcher Kundenfrequenz (Tag/Monat) zu rechnen ist?	❏	❏

Wie gut ist Ihre Idee?	Antwort	
	ja	nein
Haben Sie überprüft, wie viel jeder Kunde pro Geschäftsbesuch in Ihrer Standortnähe ausgibt?	❏	❏
Sind diese Zahlen durch Untersuchungen, Statistiken o. Ä. belegt?	❏	❏
Können Sie aus der Zahl der Kunden und deren Ausgaben Umsatzwerte ableiten?	❏	❏
Sind schnelle umsatztötende Trend-/Modewenden auszuschließen?	❏	❏
Sind Sie sicher, dass Großkunden oder Hauptlieferanten Sie nicht unter Druck setzen können (z. B. durch ein Preisdiktat)?	❏	❏
Könnten Konkurrenten über Lieferanten indirekt Druck auf Sie ausüben?	❏	❏
Haben Sie Partner, Angehörige, Freunde, auf die Sie sich voll verlassen können?	❏	❏
Sind Sie davon überzeugt, dass Ihre Kunden zufriedener sein werden?	❏	❏
Kennen Sie Ihre wichtigsten Konkurrenten am Markt, in der Nähe?	❏	❏
Bestätigen sich Ihre Umsatzerwartungen, wenn Sie Ihre Konkurrenz beobachten?	❏	❏
Können Sie die Preise und Qualitäten der Konkurrenten auf Anhieb zusammenfassen?	❏	❏
Überbieten Sie die Konkurrenz auf mehr als einem Gebiet?	❏	❏
Werden Ihre Kunden diese Vorteile leicht erkennen können?	❏	❏
Sind Sie gewappnet, wenn die Konkurrenten zurückschlagen (Preis-, Werbekrieg)?	❏	❏
Können Sie solche Abwehrmaßnahmen nicht nur finanziell, sondern auch nervlich durchstehen?	❏	❏
Haben Sie einen Schlachtplan, wenn der Konkurrenzkrieg beginnt, also noch »Trümpfe im Ärmel«?	❏	❏

Auswertung:

Zugegeben, das waren eine ganze Menge Fragen. Und manchmal werden Sie den Eindruck der Wiederholung gewonnen haben. Aber das ist durchaus beabsichtigt, denn dabei geht es um die Kernfragen der Existenzgründung. Und gerade die wollen von allen Seiten beleuchtet sein. Nicht um Sie zu verwirren, sondern um Sie vor Fehleinschätzungen oder -interpretationen zu bewahren und Sie vor jetzt noch leicht zu korrigierenden, später aber womöglich bitteren finanziellen Folgen zu schützen.

Noch zu klärende Punkte

- **Bei jedem »Nein«** sollten Sie aufmerksam werden, denn hier steckt ein Punkt, den Sie für sich oder mit Ihrem Berater unbedingt noch klären sollten. Je häufiger Sie mit »Nein« geantwortet haben, desto mehr stehen Sie vermutlich noch am Anfang Ihrer Überlegungen zur Existenzgründung, haben noch keinen ganz konkreten Plan gefasst. Es kann aber auch sein, dass Sie an diesen Stellen deutliche Hinweise auf Schwachpunkte in Ihren bisherigen Überlegungen gefunden haben.

- **Bei jedem »Ja«** wird deutlich, dass Sie schon über eine ganze Menge detaillierter Informationen verfügen. Auf dieser Basis wird es Ihnen nicht schwer fallen, sicherheitshalber durch weitere Gespräche und Recherchen festzustellen, mit welchem Umsatz Sie zu rechnen haben.

So schätzen Sie Ihren Umsatz

Versuchen Sie Ihre Begeisterung für Ihre Idee ein bisschen im Zaum zu halten. Jetzt geht es um ganz realistische Rechnungen. Multiplizieren ist angesagt, wenn Sie vom Einzelkunden auf den Monatsumsatz schließen wollen:

Monatsumsatz

- Fragen Sie sich zunächst bitte ganz kritisch, wie viel Geld der einzelne Kunde Ihnen an Umsatz bringt.
- Schätzen Sie dann, wie viele Kunden pro Tag für einen Geschäftsabschluss zur Verfügung stehen.
- Mit diesen beiden Zahlen sowie denen der Geschäftstage pro Monat lässt sich leicht ausrechnen, wie hoch der erhoffte Umsatz ausfällt.

Angenommen, Ihre Zahlen sind realistisch, und angenommen, es ergibt sich für Sie ein Bild, in dem die Umsatzerwartung eine interessante Größe darstellt, Sie also davon ausgehen können, dass Ihr Geschäft ein Erfolg werden könnte, dann ist das kein Signal für Jubelschreie. Ganz im Gegenteil: Jetzt wird es Zeit für Schwarzmalerei.

Vorsicht ist die Mutter der Porzellankiste, behauptet der Volksmund. Versuchen Sie in die Rolle Ihres Konkurrenten zu schlüpfen und Ihr Unternehmen auszutricksen.

Bei dem folgenden kleinen Sicherheitscheck ist es wichtig, dass Sie zu jeder Frage eine Antwort finden. Gelingt es Ihnen nicht, sollten Sie die unbeantworteten Punkte schnellstmöglich abklären und Informationslücken schließen!

Eigene Schwachpunkte ermitteln

Wie würden Sie jemandem mit Ihrer Idee das Leben schwer machen, das Geschäft verderben, ihm die Kundschaft abjagen?

Bitte entwickeln Sie einen richtigen Schlachtplan. Sie kennen ja Ihre eigenen Schwachpunkte.

Und nun stellen Sie sich vor, welche Angriffsflächen Sie Ihrer Konkurrenz bieten. Kreuzen Sie diese Punkte an, an denen Sie verwundbar wären.

☑ Checkliste: Versetzen Sie sich in die Rolle Ihrer Konkurrenz

Sind das Ihre wunden Punkte?	ja	nein
Es gibt einen billigeren Lieferanten.	❏	❏
Ihre Werbeplakate sind durch einfache Manipulation lächerlich zu machen.	❏	❏
Ihre Geschäftslage ist ungünstig für Laufkundschaft.	❏	❏
Sie bieten zu wenig Parkplätze.	❏	❏
Es gibt irgendeine Behörde, die Sie vergessen haben, um Erlaubnis zu fragen.	❏	❏
Das Lohnniveau Ihrer Angestellten liegt deutlich über dem Ihrer Konkurrenz.	❏	❏

Sind das Ihre wunden Punkte?	ja	nein
Ihre Gewinnspanne ist zu hoch kalkuliert, Ihre Ware zu teuer.	❏	❏
Sie haben in der Branche zu wenig und nicht die richtigen Kontakte.	❏	❏
Sie können nicht auf Ihre Familie als billige Arbeitskräfte zurückgreifen.	❏	❏
Sie können z. B. eine Werbeschlacht finanziell nicht durchhalten.	❏	❏
Sie halten eine anfängliche Preisschlacht nicht durch.	❏	❏
Ihr Sortiment ist nicht genügend auf Ihre Kundschaft ausgerichtet.	❏	❏
Ihr Produkt, Ihre Ware wird zu teuer produziert, andere Firmen lassen in Billiglohnländern arbeiten. Sie haben diese Möglichkeit nicht.	❏	❏
Sie haben die Konkurrenz nicht genau im Auge, merken nicht, dass dort umdisponiert (z. B. Sortiment verkleinert oder erweitert) wird.	❏	❏

Wenn Sie diese Punkte kennen, können Sie jetzt schon Fehler vermeiden, Gegenstrategien aushecken. Und erst jetzt sind Sie auf alle Eventualitäten vorbereitet.

DER RICHTIGE STANDORT FÜR IHREN BETRIEB

Planungs-
größe:
Standort

Die Planung von Umsatz, Gewinn und Investitionen ist ein Fragenbereich, der bei jeder Existenzgründung ganz vorn steht. Nicht weniger wichtig ist die Wahl des richtigen Standorts – und zwar unabhängig davon, welches Geschäft oder Unternehmen Sie betreiben wollen. Selbst dann, wenn Sie überhaupt keinen Kundenverkehr erwarten, weil Sie ausschließlich Dienstleistungen anbieten wollen, dürfen Sie die Frage nach dem Standort nicht unterschätzen.

Gerade in diesem Punkt begehen viele Existenzgründer einen schweren Planungsfehler. Denn Ladengeschäfte in guter Lauflage, z. B. in einer Fußgängerzone, sind teuer. Gewerberäume am Stadtrand, ob Büros, Lager oder Produktionsstätten, sind viel preiswerter zu mieten.

Wichtig! Was durch die Anmietung günstiger Gewerberäume mit der linken Hand gespart wird, muss oft mit der rechten Hand für Mehrkosten ausgegeben werden.

Folgendes ist zu berücksichtigen:
1. **Laufkundschaft** – wenn Sie darauf angewiesen sind, steht und fällt der Erfolg mit der Passantenfrequenz. Niemand käme auf die Idee, einen Buchladen im Industriegebiet aufzumachen. Die andere Seite der Medaille: Wenn Sie Ihr Geschäft dort ansiedeln, wo die meisten Menschen vorbeikommen, müssen Sie auch mit harter Konkurrenz rechnen, denn auch die anderen Geschäftsleute erkennen optimale Bedingungen. *Passantenfrequenz*
2. **Mietkosten** – gerade im Innenstadtbereich ist wegen der großen Konkurrenz nicht auszuschließen, dass nicht der erwartete Umsatz zu erzielen ist. Dennoch müssen Sie höchste Mieten zahlen. Rechnen Sie genau aus, ob es sich für Sie nicht vielleicht lohnt, eine 1b-Lage zu akzeptieren, wenn Sie dafür deutlich geringere Mietkosten zu tragen haben, wegen der geringeren Konkurrenz aber kaum weniger Umsatz erzielen als in der 1a-Lage. *Miete*
3. **Stammkundschaft oder ein ausgewählter Kundenkreis** (wegen spezieller Warenangebote) – wenn Sie so eine Gruppe ansprechen wollen, ist die Lage ebenfalls wichtig. Liegt Ihr Geschäft zu weit draußen oder ist kaum zu entdecken, müssen Sie diesen Standortnachteil durch hohen Werbeaufwand ausgleichen.
4. **Dienstleister am Stadtrand** – was theoretisch nach einer sinnigen Lösung klingt, kann die Rentabilität ihres Betriebes schwer belasten. Nur wenn Sie einkalkulieren, dass

Sie wegen der Entfernung zu Ihren Kunden Arbeitszeit- und damit auch Umsatzverluste durch lange Anfahrten haben, kann die Rechnung für Sie aufgehen. Und vergessen Sie nicht: Eventuell muss nur deshalb sogar ein eigener Fuhrpark eingerichtet werden, oder Sie haben hohe Kosten für Botenfahrten zu tragen.

Stadtrand- lage

Vor- und Nachteile hat fast jeder Standort. Und oft wird es so sein, dass sich zu jedem Argument für einen Standort auch ein Gegenargument finden lässt.

Jedes Argument für einen Standort ist auch eines dagegen

Widersprüchlichkeiten bei der Standortwahl demonstriert sehr gut ein eigentlich völlig absurder Fall.

Beispiel: Angenommen, Sie wollen am Nordpol ein Eiscafé eröffnen – dann lässt sich an diesem Beispiel zeigen, wie richtig oder falsch die Argumente für eine Standortwahl sein können, wenn sie nur oberflächlich betrachtet werden: Denn obwohl es am Nordpol kaum heiße Sommer geben wird, könnte das Geschäft doch laufen. Achten Sie mal darauf, wie leicht sich Argumente und Gegenargumente finden lassen:

Eiscafé am Nordpol

- *Es spielt keine Rolle, ob der Nordpol selbst einen heißen Sommer hat. Denn der prozentuale Anteil möglicher Interessenten an Speiseeis wird dort vermutlich genauso groß sein wie sonst auf der Welt. Mit dem Unterschied, dass ein Eiscafé am Nordpol wohl konkurrenzlos ist.*
- *Wenn es stimmte, dass Eis nur im Sommer gegessen wird, gingen unglaublich viele deutsche Eishersteller halbjährlich pleite. Tatsächlich wird in vielen Haushalten und Eiscafés auch im Winter Eis gegessen.*
- *Der Erfolg hängt hauptsächlich vom Konzept ab. Wenn man also Speiseeis anbietet, dazu aber auch Glühwein und Rumgrog, das Eis mit heißen Früchten oder Schokoladensauce begießt, lässt sich daraus sogar für den Nordpol ein Trend machen.*

Natürlich dürfte man gerade ein so ungewöhnliches Projekt nicht ohne genaue Markt- und Konsumkenntnisse angehen, denn das ist für die Standortwahl entscheidend. Der Existenzgründungsberatung kommt deshalb eine besondere Bedeutung zu.

Checken Sie Ihre Marktchancen und das Konsumverhalten

Gehen wir noch mal von unserem angepeilten Geschäft am Nordpol aus. Lesen Sie die folgenden Fragen genau durch, und notieren Sie Ihre Antworten – der gleiche Check wäre natürlich auch bei jedem anderen Geschäft an jedem anderen Standort zu machen:

Standortcheck

- Wie groß ist die Zahl der potentiellen Kunden am Nordpol tatsächlich?
- Wird dort überhaupt Eis gegessen, und wenn ja, wo verzehren es die Kunden normalerweise, zu Hause oder im Restaurant?
- Wie viel Geld geben Ihre möglichen Kunden bisher für Eis aus?
- Welche anderen Angebote sollten Ihre Speisekarte attraktiver machen?

Marktforscher und Unternehmensberater verfügen über verblüffend präzise Zahlen für Konsum- und Freizeitverhalten. Und nun mal angenommen, Sie finden heraus, dass

Kunden-verhalten

- erstaunlich viele Nordpol-Einheimische besonders gern Speiseeis essen und sich für den Genuss häufig privat zu mehreren treffen,
- die Zahl der Kunden nicht so groß ist, die wenigen aber sehr viel Geld für Eis ausgeben und Sie mit ihrem Café weit und breit konkurrenzlos sein werden,
- direkt am Nordpol eine neue Winterferien-Siedlung für 25.000 Touristen entsteht, in deren unmittelbarer Umgebung ein Café frei wird, das Sie günstig mieten können,

dann geht die Rechnung eben doch auf. Vielleicht sogar viel eher als in der Fußgängerzone eines Nordseebades, wo Eiscafés aufgereiht sind wie Perlen auf einer Kette.

Entscheidend ist, dass Sie die Erwartungen und das Verhalten der Kunden berücksichtigen. Sie hätten z. B. keine Chance, wenn der Verzehr von Eis am Nordpol aus religiösen Gründen untersagt wäre. Und Sie müssen natürlich die finanziellen Verhältnisse Ihrer Kunden im Auge behalten: Wenn der Mensch am Nordpol nur 400 DM im Monat verdient, dürfte ein Eisbecher für 25 DM unverkäuflich sein. Je weiter Sie dem Kunden mit Preis und Leistung entgegenkommen, desto sicherer dürfte das Geschäft werden. Vorausgesetzt, es bleibt für Sie genug Gewinn übrig.

Preis-Leistungs-Verhältnis

Auch ohne Laufkundschaft ist der Standort wichtig

Manche Existenzgründungsratgeber behaupten, dass die Standortfrage z. B. für den Handwerksbetrieb ohne Laufkundschaft gar keine Rolle spielt. Aber dies ist ausgemachter Unfug. Den billigsten Raum am Stadtrand zu mieten kann kein Patentrezept sein.

Stellen Sie sich doch einfach einen Kunden beim Elektriker vor, der Probleme mit seiner Stromversorgung hat. Tatsächlich fehlt ihm nur eine Sicherung (ca. 15 DM), die der Elektriker innerhalb von drei Minuten austauschen kann. Wenn sich der Handwerker aber vom Stadtrand aus mehr als eine Stunde durch verstopfte Rushhour-Straßen quälen musste und dem Kunden auch nur annähernd das berechnet, was ihn diese Anfahrt an Zeit und Kilometergeld kostet, gibt es natürlich Ärger: Denn die Fahrtkosten werden höher liegen als der Arbeitslohn für die eigentliche Leistung. Und der Kunde wird sich beim nächsten Mal einen Handwerker aus der Innenstadt besorgen.

Was will der Kunde?

Für den Kunden ist die Sache klar. Es gibt folgende Möglichkeiten:

- Ich will schnell und kostengünstig bedient werden.
- Ich will mich in Ruhe umsehen können und das Shopping genießen.

Wenn Sie also z. B. eine Edelboutique aufmachen wollen, könnte es Ihnen passieren, dass Sie mitten in einem Neubaugebiet Pleite machen, trotz reichlich vorhandener potenzieller Kunden. Ganz einfach, weil Frauen bei größeren Anschaffungen ohnehin in die Stadtmitte fahren – womöglich mit einer Freundin – und aus dem Kauf eines Pullovers ein länger dauerndes Erlebnis mit Restaurantbesuch oder Eisessen machen.

Im Rahmen einer Existenzgründungsberatung sollte anhand von Umsatzstatistiken pro Quadratmeter Ladenfläche im Einzelhandel festgestellt werden, wo der Kunde seinen Bedarf vorwiegend deckt. *Umsatzstatistiken helfen*

Der Mietpreis darf nicht überbewertet werden

Eine gute Gründungs- und Standortberatung wird Ihnen helfen, die Vor- und Nachteile eines Standortes genauestens zu klären. Wobei die Höhe der Miete nicht die wichtigste Rolle spielen darf. Ganz im Gegenteil: Es gibt Standortvorteile, die sogar die höchste Miete rentabel erscheinen lassen. Wenn Sie z. B. einen kleinen Verkaufsshop innerhalb eines Kaufhauses, Verbrauchermarkts oder Einkaufszentrums anmieten und die Lage Ihres Geschäftes eine garantierte Kundenfrequenz und damit eine Verdoppelung des geschätzten Umsatzes mit sich bringt, dann machen Sie vermutlich immer noch ein sehr gutes Geschäft. *Nicht immer die kostengünstigste Lösung wählen*

Seien Sie aber vorsichtig: Gerade bei Mietverträgen gibt es eine Menge böser Überraschungen. Denn zwischen Wohnungs- und Gewerbemietrecht liegen Unterschiede, die Sie zu Ihrem eigenen Schutz kennen sollten:

- Die Miete wird manchmal umsatzabhängig vereinbart.
- In Einkaufszentren kommt häufig zu den Mietkosten noch eine Umlage für Aktionen und Gemeinschaftswerbung hinzu.
- Der Kündigungsschutz bei Gewerberäumen ist erheblich schlechter als bei Wohnräumen. Grundsätzlich sind die Verträge zeitlich gebunden. Und Sie erwerben kein Vorrecht auf automatische Weitervermietung. Das heißt: Es könnte Ihnen passieren, dass Sie samt Geschäft nach fünf Jahren plötzlich umziehen oder sogar aufgeben müssen.

Achtung: Lassen Sie einen Gewerbemietvertrag von einem Rechtsanwalt prüfen, weil es sich um ein anderes Recht als bei der Wohnraummiete handelt.

Der Anwalt kann zwar nicht das Unmögliche möglich machen, aber seine Beratung kann Sie durchaus vor bösen Überraschungen schützen.

Prüfen Sie die Ihnen angebotenen Objekte genau

Wenn Sie ein Ladengeschäft anmieten wollen, gibt es dafür in aller Regel Erfahrungswerte und Eckdaten, die Ihnen die Entscheidung leichter machen. Die Gründungsberater z. B. der Handelskammern verfügen über entsprechendes Material zum jeweiligen Standort.

Gründungs-
berater helfen

Bei Betrieben ohne Kundenverkehr wird es schon schwerer, denn dann müssen Sie die finanziellen Auswirkungen der Standortfrage bis ins letzte Detail individuell klären. Eine gute Grundlage bietet die folgende Gegenüberstellung.

Vorteile einer Randlage	Vorteile einer Zentrallage
niedrige Miete, geringe Fixkosten	gute Laufgegend
wenig Konkurrenz	geringer Werbeaufwand
großzügige Verkaufsräume	keine langen Wege zum Kunden
gute Autobahnanbindung	hohe Kundenfrequenz
keine Lärmschutzmaßnahmen	evtl. höhere Auftragsdichte

Nachteile einer Randlage	Nachteile einer Zentrallage
evtl. lange Wege zum Kunden	große Konkurrenz
hoher Werbeaufwand	hohe Kosten
schlechte Gegend	keine Parkplätze
evtl. geringere Auftragsdichte	kleine Verkaufsräume
geringe Kundenfrequenz	Lärmschutz- oder Umweltauflagen (Nachbarschaft)

Die genannten Punkte können sich in Ihrem Fall ganz anders darstellen. Deshalb sollten Sie ganz professionell vorgehen – mit dem folgenden Fragebogen. Zunächst stellen Sie selbst die Kriterien auf, die für Sie von Bedeutung sind – in der Liste habe ich die häufigsten bereits genannt. Aber es können weitere hinzukommen, entsprechend Ihren Plänen.

- Wenn Sie z. B. ein Fitnessstudio eröffnen wollen, werden Sie sanitären Einrichtungen einen hohen Stellenwert beimessen müssen – bei einer Boutique dagegen kaum. **Persönliche Kriterien**
- Eine Reinigung muss sich um Umweltauflagen kümmern, bei einer Boutique wird das nicht der Fall sein.
- Ein Handwerksbetrieb benötigt kaum Kundenparkplätze, ein Verkaufsgeschäft aber jede Menge.

Entsprechend der Bedeutung aller Kriterien, der vorgegebenen und Ihrer eigenen, vergeben Sie einen bis drei Punkte. Anhand der Bewertungsskala beurteilen Sie zunächst Standorte generell, dann am jeweiligen Standort die unterschiedlichen Objekte.

☑ Checkliste: Ihre Standortprüfung			
Kriterien zur Auswahl Auswahl Ihres Betriebsstandortes (bitte eigene hinzufügen!)	**wichtig für Sie** (Maximalpunkte)	**Objekt 1**	**Objekt 2**
Ausstellungsraum			
Autobahnanbindung			
Bedarf am Standort			
Drehstrom/Starkstrom			
Einbauten vorhanden			
Erweiterung möglich			
geringe Kosten			
getrennte WCs			
große Schaufenster			
große Verkaufsräume			

Kriterien zur Auswahl Auswahl Ihres Betriebsstandortes (bitte eigene hinzufügen!)	wichtig für Sie (Maximalpunkte)	Objekt 1	Objekt 2
gute Adresse			
gute Lauflage			
ISDN-Anschluss/...			
kein Umbau erforderlich			
komplette Beleuchtung			
Konkurrenzsituation			
Laderampe			
Lagerräume			
leichte Lkw-Anfahrt			
Netzwerk-Verkabelung			
Parkplätze vorhanden			
Raumreserven			
repräsentative Räume			
Sozialräume vorhanden			
Teeküche			
tragfähiger Betonboden			
Umweltschutzauflagen			
verkehrsgünstige Lage			
Wasch-, Duschräume			
für eigene Kriterien:			
...			
...			
...			
...			
Bewertung:			
(addieren, Gesamt-Punktzahl eintragen)	max. Punktzahl	(für 1. Standort)	(für 2. Standort)

ES GEHT UM IHR GELD!

In der folgenden Übersicht sind Gründe aufgeführt, die zu Konkursen bzw. Betriebsaufgaben geführt haben. Welcher Grund ist wohl in erster Linie dafür verantwortlich, und welche Rolle spielen die anderen?

Gründe fürs Scheitern

Bringen Sie von den aufgeführten acht Gründen sechs in eine Reihenfolge von 1 bis 6 (1 = sehr wichtig, 6 = eher unwichtig), Mehrfachnennungen sind möglich. Es sind aber auch zwei falsche Gründe genannt, die Sie finden sollen (»falsch« bitte ankreuzen).

ϟ Blitztest: Welche Gründe spielen beim Scheitern der Existenzgründung eine Rolle?

Scheitern der Existenzgründung – die Ursachen	Kreuzen Sie falsche Aussagen an, fügen Sie Ziffern für die Wichtigkeit ein: 1–6
Start war schlecht vorbereitet Würde bedeuten: Planungsdaten beruhten auf falschen Voraussetzungen, richtige Planungen wurden nicht konsequent eingehalten, und/oder Konzeptänderungen wurden nicht genügend durchdacht.	falsch?
Falsche Markteinschätzung Kann heißen: unzureichende Produktqualität gegenüber Konkurrenz, falsche Bedarfseinschätzung, zu geringe Nachfrage, Preis-Leistungs-Verhältnis nicht konkurrenzfähig, die Abwehrmaßnahmen der Konkurrenz wurden nicht berücksichtigt.	falsch?
Unseriöse Partner Probleme mit dem Vertrieb, weil die Partner nicht – wie vereinbart – liefern. Finanzierungen, die platzen. Bauarbeiten, die nicht termingerecht fertig werden, etc.	falsch?

Scheitern der Existenzgründung – die Ursachen	Kreuzen Sie falsche Aussagen an, fügen Sie Ziffern für die Wichtigkeit ein: 1–6
Fehlerhafte Finanzierungsplanung Dahinter verbirgt sich: Der Investitionsbedarf wurde unterschätzt, falsche Unternehmensbewertung bei Übernahmen, Umsatz- bzw. Gewinnentwicklung wurde falsch kalkuliert, Eigenentnahme (Gewinn) wurde zu hoch angesetzt, Zahlungsmoral von Kunden wurde falsch eingeschätzt, und es gab keine Reserven zur Überbrückung von Finanzengpässen.	falsch?
Nicht zu beeinflussende Ursachen Darunter fallen: Verschlechterung der Wirtschaftslage z. B. in der Region, Änderungen im allgemeinen Konsumverhalten, unerwartete technische Neu-, Weiterentwicklungen, Wegfall, Änderung von Verkehrsverbindungen und/oder in Bau-, Flächennutzungsplänen.	falsch?
Fehler bei der kaufmännischen Betriebsführung Der gescheiterte Existenzgründer hatte ungenügende Erfahrung in der Unternehmensführung, traf falsche Entscheidungen bei unerwarteten Problemen, besaß ungenügende Erfahrungen in Steuer- und Finanzfragen, kam zu falschen Entscheidungen in Rechtsfragen oder war in kaufmännischen Fragen schlecht oder zu wenig beraten.	falsch?
Mangelndes Engagement Würde bedeuten: Ausschlafen ist wichtiger als Termine einhalten, Urlaub wichtiger als Kundenstamm aufbauen, Feierabend möglichst schon gegen Mittag usw.	falsch?
Familiäre, private Probleme Bedeutsam wären hier: Lebensumstellung (Mehrarbeit) wird nicht verkraftet, Zusammenarbeit mit Ehepartner funktioniert nicht, persönliche Krisen durch Stress, Zukunftssorgen, finanzielle Belastungen schlagen aufs Privatleben durch und/oder Partnerprobleme unabhängig von der Selbstständigkeit.	falsch?

Auflösung:
Die beiden falschen Punkte sind »Mangelndes Engagement«
und »Unseriöse Partner«.
Die anderen Punkte haben folgende Rangfolge (wobei Mehrfachnennungen möglich waren):

Fehlerhafte Finanzierungsplanung	68,6 %
Falsche Markteinschätzung	61 %
Fehler bei der kaufmännischen Betriebsführung	48 %
Start war schlecht vorbereitet	30,1 %
Familiäre, private Probleme	29,9 %
Andere, nicht zu beeinflussende Ursachen	15,4 %

Nur zu einem sehr geringen Prozentsatz können Existenzgründer also behaupten, nicht an eigenen Fehlern geschei-
tert zu sein. Des Weiteren wird deutlich, wie wichtig eine
realistische Planung der Finanzen ist. In diesem Zusammenhang müssen Sie wissen, wie man den betriebswirtschaftlichen Gewinn ermittelt, wie hoch Ihr Jahresverdienst
ausfallen muss und wie viel Fremdkapital Sie für Ihre Existenzgründung benötigen.

Eine realistische Finanzplanung ist wichtig

EIN KLEINER SPAZIERGANG DURCH DIE BETRIEBSWIRTSCHAFT

Jeder Handwerker hat das Spiel schon mal gespielt: Man
nehme den eigenen Stundenlohn brutto und vergleiche ihn
mit dem, was der Kunde dem Meister dafür bezahlt. Liegt
doch auf der Hand, dass das viel mehr ist, oder? Doch diese
Rechnung täuscht immer.

Umsatz nicht gleich Gewinn

Beispiel: *Einem Handwerker verbleiben von 25 DM Stundenlohn bei der durchschnittlichen Abgabenquote aus Sozialabgaben und Steuern 12 DM Nettolohn.*

*Einem Unternehmer verbleiben von 85 DM Stundenlohn,
die dem Kunden in Rechnung gestellt werden und von*

denen der angestellte Handwerker 25 DM Bruttolohn bekommt, ganze 4 DM. Dabei sind Lohnnebenkosten, Unternehmens-Fixkosten (Verwaltung, Maschinen, Mieten usw.) und Mehrwertsteuer berücksichtigt.

Diese 4 DM wären also der Lohn des Unternehmers dafür, dass er den Mitarbeiter beschäftigt. Aber: Diesen Lohn muss er noch versteuern, er muss eventuell Kreditkosten abziehen – und Rücklagen davon bilden.

Gewinn-schätzung und Realität

Bei Schätzungen, wie viel vom Umsatz als Gewinn in der Kasse des Unternehmers hängen bleibt, liegen die Angaben meistens weit daneben.

Dieses Beispiel soll vor allem eines zeigen: Es ist nicht damit getan, wenn man sich die große Differenz zwischen dem eigenen Bruttostundenlohn und dem Preis ausrechnet, den der Arbeitgeber für eine solche Arbeitsstunde vom Kunden kassiert. Und dieses Beispiel ist nicht schön oder schlecht gerechnet: Tatsächlich liegt der Unternehmergewinn hier nämlich in einem (für die als Beispiel gewählte Baubranche) durchaus üblichen Bereich – bei knapp unter fünf Prozent.

Wichtig! Der Gewinn Ihres Unternehmens muss je nach Familienstand und persönlicher Steuerbelastung um mindestens 50 Prozent höher liegen als Ihr bisheriges Bruttoeinkommen.

Denn als Unternehmer zahlen Sie alle Sozialversicherungsbeiträge (dann aber in private Versicherungen) selbst und müssen darüber hinaus etwas für Investitionen, aber auch für schlechte Zeiten zurücklegen.

Umsatz und Gewinn – Verwechslungen sind tödlich

Lachen Sie nicht. Noch immer gibt es viele Existenzgründer, die sich nicht mit betriebswirtschaftlichem Rechnen beschäftigt haben und den Unterschied nicht richtig einschätzen können. Wer sich nicht schon einmal mit betriebswirtschaftlichen Fragen befasst hat, tippt bei der Gewinnschätzung fast immer daneben.

- Unter Umsatz versteht man alles, was in die Betriebskasse hereinkommt.
- Gewinn ist nur das, was vom Umsatz nach Abzug aller Betriebsausgaben und der Unternehmenssteuer übrig bleibt.
- Verdienst des Unternehmers ist, was letztlich vom Gewinn nach Abzug der von ihm zu entrichtenden Einkommensteuer übrig bleibt.

Und das ist nur noch ein Bruchteil des Umsatzes.

Später werden wir uns solchen betriebswirtschaftlichen Rechnungen selbst zuwenden. Doch jetzt sollen Sie erst mal einen Überblick über das Verhältnis von Umsatz und Gewinn in verschiedenen Branchen bekommen. Wobei es sich um Richtwerte (von Kammern, Betriebsprüfern und den Unternehmensverbänden) handelt, die hier als Durchschnittsgrößen herangezogen wurden.

Orientierungshilfe: durchschnittliche Reingewinne je Branche

Im Einzelfall können besondere Umstände zu ganz anderen Ergebnissen führen, etwa bei z. B. niedrigen oder hohen Ladenmieten. Der kleine Gemischtwarenhändler wird garantiert zu anderen Ergebnissen kommen als der Super-Luxus-Delikatessladen in einem Stadtteil mit hoher Kaufkraft und mit guter Lauflage.

Die Durchschnittswerte des Reingewinns in den folgenden Tabellen auf den Seiten 100 bis 104 haben aber trotzdem eine starke Aussagekraft.

Auf der Suche nach dem Reingewinn

Der Reingewinn in der folgenden Übersicht gibt an, wie viel Prozent vom Umsatz nach Abzug der Kosten für Wareneinkauf und aller weiterer Betriebsausgaben (Mitarbeiter, Räume, Versicherungen) in der Kasse bleiben. Der Unternehmer muss dieses Geld natürlich noch versteuern, und es wurde bei dieser Übersicht keine Verzinsung des eingesetzten Eigenkapitals berücksichtigt.

Was bleibt zum Schluss in der Kasse?

Branche bzw. Schwerpunkt des Sortiments im Einzelhandel	Reingewinn (in Prozent vom Umsatz), Spanne Durchschnitt
Anzeigen-, Werbevermittlung	50–65 % **59 %**
Backwaren, Konditoreiwaren	(7–22 %) **14 %**
Bausparkassenvertretung	50–70 % **60 %**
Bautischlerei, Zimmerei (bis 250.000 DM Umsatz)	16–45 % **29 %**
Bauunternehmen (Umsatz 350.000 bis 700.000 DM)	10–27 % **18 %**
Bestattungsunternehmen (Umsatz über 250.000 DM)	16–38 % **27 %**
Blumen, Pflanzen	7–22 % **14 %**
Buchhandel (Sortiment)	5–14 % **9 %**
Büroartikel, Schreibwaren	4–18 % **11 %**
Chemische Reinigungen (ohne Annahmefilialen)	11–33 % **23 %**
Dachdeckereien (Umsatz bis 400.000 DM)	13–35 % **22 %**
Drogeriewaren (über 300.000 DM Umsatz)	4–15 % **9 %**
Druckereien (Umsatz 250.000 bis 500.000 DM)	10–27 % **18 %**
Eisdielen	13–34 % **22 %**
Elektrogeräte (Haus, Küche)	7–20 % **13 %**
Elektroinstallation (Umsatz 250.000 bis 500.000 DM)	13–27 % **20 %**

Branche bzw. Schwerpunkt des Sortiments im Einzelhandel	Reingewinn (in Prozent vom Umsatz), Spanne Durchschnitt
Fahrräder, Mopeds, Ersatzteile (einschl. Reparaturen)	8–23 % **14 %**
Fahrschulen (Umsatz unter 150.000 DM)	22–56 % **42 %**
Farben, Tapeten (über 200.000 DM Umsatz)	6–18 % **12 %**
Fische, Fischereierzeugnisse	7–21 % **14 %**
Fleisch- und Wurstwaren	6–17 % **12 %**
Fliesenlegerei (Umsatz 150.000 bis 300.000 DM)	16–43 % **29 %**
Fotografen	15–45 % **31 %**
Friedhofsgärtnereien	10–38 % **21 %**
Friseure (Umsatz 100.000 bis 200.000 DM)	17–37 % **27 %**
Gardinen (über 300.000 DM Umsatz)	10–22 % **16 %**
Gastwirtschaften (max. 25 % Umsatz mit Speisen)	19–35 % **27 %**
Gebäudereinigung (Umsatz bis 150.000 DM)	33–63 % **45 %**
Geschenkartikel, Kunstgewerbe	6–23 % **14 %**
Getränke, Spirituosen	3–13 % **8 %**
Grafik-Design, Gestaltung	50–65 % **59 %**
Handarbeiten, Handarbeitsbedarf	4–19 % **11 %**

Branche bzw. Schwerpunkt des Sortiments im Einzelhandel	Reingewinn (in Prozent vom Umsatz), Spanne Durchschnitt
Haus- und Wohnungsmakler	45–70 % **54 %**
Haushaltswaren, Glas, Porzellan, Keramik	4–18 % **11 %**
Hotels (mit Halb- oder Vollpension)	7–30 % **19 %**
Imbißbetriebe	10–32 % **21 %**
Installationsbetriebe (Heizung, Gas, Wasser, Umsatz bis 300.000 DM)	17–39 % **28 %**
Kfz-Lackierung (bis 300.000 DM Umsatz)	13–42 % **24 %**
Kfz-Reparatur (bis 200.000 DM Umsatz)	13–38 % **25 %**
Kinder-, Babyausstattung	6–15 % **10 %**
Kleidung (Damen)	7–18 % **13 %**
Kleidung (Herren)	9–21 % **15 %**
Kleidung (Wäsche, Mieder)	10–21 % **16 %**
Konditorei-Cafés	7–21 % **14 %**
Kraftfahrzeugvermietung (stark abhängig von der Zahl der Fahrzeuge, Mitarbeiter etc.)	20–33 % **22 %**
Kraftfahrzeugzubehör	5–14 % **9 %**
Kurierdienste (Umsatz bis 200.000 DM)	25–58 % **43 %**
Landschaftsgestaltung (bis 400.000 DM Umsatz)	16–36 % **25 %**

Branche bzw. Schwerpunkt des Sortiments im Einzelhandel	Reingewinn (in Prozent vom Umsatz), Spanne Durchschnitt
Lebensmittel (normal)	4–11 % **7 %**
Lebensmittel (Reformhaus)	4–14 % **9 %**
Lederwaren	7–21 % **14 %**
Maler- und Tapezierbetriebe (Umsatz zwischen 100.000 und 200.000 DM)	24–53 % **39 %**
Milch, Eier	5–16 % **10 %**
Möbel	4–17 % **10 %**
Obst, Gemüse, Südfrüchte	5–19 % **12 %**
Parfümeriewaren	5–19 % **11 %**
Pizzerien	9–25 % **17 %**
Raumausstatter, Dekorateure (bis 300.000 DM Umsatz)	17–31 % **25 %**
Restaurants (mind. 25 % Umsatz mit Speisen)	9–25 % **16 %**
Schaufenstergestaltung, Verkaufsdekoration (ohne Mitarbeiter)	55–70 % **61 %**
Schlossereien (Umsatz 200.000 bis 500.000 DM)	13–36 % **22 %**
Schuhe (Verkauf, ohne Reparaturbetrieb)	4–20 % **11 %**
Speditionen (Umsatz über 200.000 DM)	13–45 % 25 %
Spielwaren	4–16 % **9 %**

Branche bzw. Schwerpunkt des Sortiments im Einzelhandel	Reingewinn (in Prozent vom Umsatz), Spanne Durchschnitt
Sportartikel, Freizeitartikel, Campingbedarf	7–14 % **10 %**
Tabakwaren	3–12 % **8 %**
Tanzschulen	26–40 % **35 %**
Taxiunternehmen (bis 100.000 DM Umsatz)	33–61 % **46 %**
Uhren, Schmuck	9–24 % **16 %**
Unterhaltungselektronik, Rundfunkgeräte, Schallplatten	6–19 % **12 %**
Videotheken	22–33 % **26 %**
Wäscherei, Reinigung (bis 200.000 DM Umsatz)	19–39 % **27 %**
Weine	3–13 % **8 %**
Werbeagenturen (Full Service)	7–12 % **9 %**
Wolle, Strickwaren	4–19 % **11 %**
Zeitschriften	3–9 % **6 %**
Zoobedarf, Kleintiere	7–20 % **13 %**

Wer mehr Umsatz will, muss mehr Geld ausgeben

Der einfache Rückschluss, über höhere Umsätze ließe sich der Reingewinn leicht steuern, darf aus solchen Übersichten nicht abgeleitet werden. Denn Umsatzsteigerung können Sie nur erzielen, wenn Sie

- Sonderangebote bieten, die Sie so knapp wie möglich kalkulieren (also auf einen Teil Ihres Gewinns verzichten),
- einen Mitarbeiter einstellen, weil Sie allein die Bedienung der Kundschaft (ob nun in einem Laden oder in einem Handwerksbetrieb) gar nicht mehr gewährleisten können,
- Werbemaßnahmen treffen, die natürlich auch nicht gerade wenig Geld kosten.

Umsatz-
steigerung

Egal, mit welchen Maßnahmen Sie Ihren Umsatz steigern wollen, in jedem Falle steigen für Sie zunächst die Kosten.

Beispiel: Wer bisher 100 DM Umsatz machen musste, um 50 DM Reingewinn zu erhalten, muss nach Einstellung eines Mitarbeiters z. B. 150 DM Umsatz machen, um dieselben 50 DM als Reingewinn zu erhalten.
Weil aber darauf spekuliert werden darf, dass der Umsatz mit einem Mitarbeiter sogar von 100.000 auf 200.000 oder 250.000 DM gesteigert wird, geht die Rechnung später doch auf. Es steigt aber nur die Summe, nicht der Prozentsatz des Gewinns.

Betriebswirtschaftlich stellt sich dieser Effekt so dar: Die Umsatzrendite (positiver Ertrag in Prozent) sinkt. Das heißt: Bedingt durch die Mehrausgaben kommen Sie nicht mehr auf 50 Prozent Reingewinn, sondern eher auf 30 Prozent. Aber ab einer gewissen Steigerung des Umsatzes (absolut in DM) verkehrt sich der Negativeffekt ins Positive: 50 Prozent von 150.000 DM Umsatz sind nämlich 75.000 DM Gewinn, 40 Prozent von 200.000 DM Umsatz sind aber bereits 80.000 DM Gewinn. Der Gewinn hat sich also vergrößert.

Kosten-
steigerung bei
Steigerung
des Gewinns

Wie sich das in der Praxis auswirkt, zeigen die folgenden Beispiele:

Friseure	
Umsatz: bis 100.000 DM	37 % Reingewinn
Umsatz: 100.000 bis 200.000 DM	27 % Reingewinn
Umsatz: über 200.000 DM	21 % Reingewinn

Gebäudereinigung	
Umsatz: bis 150.000 DM	45 % Reingewinn
Umsatz: 150.000 bis 300.000 DM	31 % Reingewinn
Umsatz: über 300.000 DM	15 % Reingewinn
Reinigung, Wäscherei	
Umsatz: bis 300.000 DM	27 % Reingewinn
Umsatz: über 300.000 DM	14 % Reingewinn

Ganz bewusst wurden gerade diese Beispiele ausgewählt, weil die Umsatzsteigerung hier nur möglich ist durch zusätzliches Personal.

Und dies führt natürlich sofort zu erheblich höheren Betriebsausgaben.

Profis überlassen oder selber machen – die Buchhaltung

Inzwischen wissen Sie schon eine ganze Menge über den Betrieb, den Sie gründen wollen. Worte wie Umsatz, Roh- und Reingewinn, richtige und falsche betriebswirtschaftliche Rechnungen sind für Sie keine Fremdworte mehr.

Wichtig: gut rechnen in der Planungsphase

Und wenn Ihr Partner Buchhalter oder Steuerberater ist, können Sie das Folgende einfach überlesen und in der Zukunft ihn rechnen lassen.

Wenn Sie aber Neuling auf dem Gebiet sind und allein, kann ich Ihnen ein bisschen Buchhaltung leider nicht ersparen. Denn wenn Sie Ihre Planungen auf eine realitätsnahe, vernünftige Basis stellen wollen, kommen Sie um einige detaillierte Rechnungen in der Vorbereitungsphase, z. B. ausgehend von den zuvor genannten Eck- oder Basisdaten, kaum herum.

Das Rechenschema für eine solche Rentabilitäts- oder Ertragsvorschau, manchmal auch als Gewinnplan bezeichnet, folgt immer einem recht einfachen Muster, dem Schema einer Einnahme-Überschuss-Rechnung, wie sie von Kleinbetrieben und auch von Freiberuflern jährlich fürs Finanzamt aufgestellt werden muss.

Wichtig! Die Umsätze, Erlöse oder Einnahmen werden in der betriebswirtschaftlichen Rechnung grundsätzlich ohne Mehrwertsteuer berücksichtigt. Auch die Kosten für den Waren- oder Materialeinsatz werden ohne Mehrwertsteuer aufgenommen.

Dieses Muster ist übrigens für Ihre Vorplanungen interessant, wenn Sie die Beträge in Prozent umrechnen und mit den durchschnittlichen Reingewinnzahlen für die Branchen vergleichen.

☑ Rechenmuster: Betriebswirtschaftliche Gewinnermittlung

Einnahmen bzw. Ausgaben oder Zwischenergebnisse	Betrag	%	
Umsatz ohne Mehrwertsteuer			
Wareneinsatz, Materialeinsatz ohne Mehrwertsteuer			
Rohgewinn, Rohergebnis Umsatz abzgl. Wareneinsatz			
Ergebnis zum Weiterrechnen übertragen			

Löhne/Gehälter			
Weihnachtsgeld/Jahresleistung			
Urlaubsgeld			
Vermögenswirksame Leistungen			
Sonstiges (z. B. Arbeitgeberbeiträge zu Sozialversicherungen)			
Summe Personalkosten			
Ergebnis zum Weiterrechnen übertragen		–	
a) Rohgewinn 2, Rohergebnis 2 (Umsatz abzgl. Wareneinsatz und Personalkosten)		=	

Einnahmen bzw. Ausgaben	Betrag	%	
Miete oder Pacht			
Heizung			
Raumreinigung			
Energiekosten (Gas, Strom)			
Wassergeld, Abwassergebühr			
Reparaturkosten, Instandhaltung (v. Geräten und Maschinen)			
Versicherungen			
Gewerbesteuer			
Vorsteuer (MwSt.-Einnahmen abzüglich MwSt.-Ausgaben)			
sonstige Steuern (bei GmbH z. B. Körperschaftsteuer)			
Beiträge (z. B. für Kammern, Berufsorganisationen)			
Fahrzeugkosten (Kraftstoff, Versicherungen, Reparaturen)			
Reisekosten (Hotel, Flugtickets, Bahnkarten)			
Leasingkosten (z. B. für Möbel, Geräte, Maschinen)			
Porto			
Telefon			
Verpackungsmaterial			
Bürobedarf (Schreibgeräte, Papier, Druckerfarbe usw.)			
Repräsentationskosten (Bewirtungen)			
Werbung (Geschenke, Anzeigen, Prospekte)			
Buchführungskosten			
Beratungskosten (Steuer-, Unternehmensberater, Anwalt)			

Einnahmen bzw. Ausgaben	Betrag	%	
sonstige Kosten			
Summe Sachgemeinkosten			
b) Ergebnis zum Weiterrechnen übertragen			

Zinsen (z. B. für Gründungsdarlehen, andere Kredite)			
Abschreibung (Wertminderung der Investitionen)			
Summe der sonstigen Aufwendungen			
c) Ergebnis zum Weiterrechnen übertragen			

Rohgewinn 2, Rohergebnis 2 (Übertrag a)	
abzgl. Sachgemeinkosten (Übertrag b)	–
abzgl. sonst. Aufwendungen (Übertrag c)	–
Überschuss, Gewinn vor Steuern	=

Ehe eine Mark zum Ausgeben zur Verfügung steht, ist also vielen Positionen Rechnung zu tragen. Mehr vielleicht, als man gemeinhin annehmen mag. Und wenn man sich dann vor Augen hält, dass ein größerer Verdienst einer der wichtigsten Gründe dafür ist, sich selbstständig zu machen, rückt dieses Ziel vielleicht gerade in weite Ferne. Aber: Das Bild vom reichen Unternehmer trügt ohnehin. So rosig, wie sich mancher dies vorstellen mag, ist es nicht.

Die Realität ist ernüchternd

So viel verdienen Selbstständige wirklich

Es ist natürlich gerade in den ersten Jahren schwer, genaue Zahlen über das Einkommen Selbstständiger zu ermitteln. Denn erst, wenn das Finanzamt die erste Einkommen- und Umsatzsteuererklärung bearbeitet hat, weiß der Jungunternehmer, was unter dem Strich übrig bleibt.

Doch es gibt Erfahrungswerte, die von den statistischen Ämtern ermittelt werden. Und danach ist die Einkommensstreuung bei Selbstständigen erheblich: Etwa jeder zweite verfügt in den alten Bundesländern mit seiner Familie netto über 2.500 DM und mehr im Monat. Unter den berücksichtigten Selbstständigen sind alle Branchen zusammengefasst, außer Selbstständigen in der Landwirtschaft und deren mitarbeitenden Familienangehörigen.

Was unterm Strich bleibt

Monatliches Nettoeinkommen (in DM)	Prozentualer Anteil der Selbstständigen, die dieses Einkommen angeben	
	West-Bundesländer	Ost-Bundesländer
unter 1.000	1,5	3,9
1.000–1.800	3,6	10,6
1.800–2.500	5,6	15,7
2.500–3.000	4,7	11,7
3.000–3.500	4,8	10,3
3.500–4.000	5,0	8,5
4.000–5.000	9,6	11,0
über 5.000	31,9	11,3
Durchschnitt: netto 47.700 DM jährlich pro Haushaltsmitglied		

Verdienste von Existenzgründern im ersten Jahr

Die Ergebnisse sind in DM angegeben und unversteuert. Es handelt sich um die Durchschnittswerte für das erste volle Jahr nach Geschäftsgründung.

In den ersten fünf Jahren

Bräunungsstudio	8.000 DM
Einzelhandel	6.000 DM
Gaststätte	19.000 DM
Handwerk	15.000 DM
Steuerberatung	45.000 DM
Werbeagentur	24.000 DM

Daraus erklärt sich auch, warum so viele Geschäftsgründungen innerhalb der ersten fünf Jahre nach dem Start Schiffbruch erleiden. Es ist nämlich fast nicht möglich, sich mit diesen Einkommen über Wasser zu halten; geschweige denn, nebenbei noch in den weiteren Aufbau des Unternehmens oder in Werbung zu investieren. Da beginnt sich dann schnell eine Spirale zu drehen, die geradewegs in die Pleite führt. Erst allmählich ergeben sich annehmbare Einkommen.

Jahresverdienst von Existenzgründern nach fünf Jahren: Angaben wieder in DM, unversteuert. Es ergeben sich Durchschnittswerte für das fünfte volle Jahr nach der Geschäftsgründung.

Bräunungsstudio	39.000 DM	Verdienst nach den ersten fünf Jahren
Einzelhandel	39.000 DM	
Gaststätte	56.000 DM	
Handwerk	98.000 DM	
Steuerberatung	145.000 DM	
Werbeagentur	98.000 DM	

Nun können sich diese Zahlen zwar schon eher sehen lassen – aber ganz ehrlich: Hätten Sie das erwartet? Oder ganz andere Summen geschätzt? Bedenken Sie dabei, dass von den hier genannten Beträgen ja auch noch Einkommensteuern gezahlt werden müssen …

Gerade das kann aber ein Grund dafür sein, dass die Wahrheit womöglich irgendwo in der Mitte liegt. Vielleicht genau zwischen diesen bei einer Umfrage ermittelten und den echten Jahresverdiensten. Denn was bei einem Unternehmer echt ist und was nicht, hängt zu einem guten Teil von der steuerlichen Gestaltung ab. Es ist kein Geheimnis, dass findige Unternehmer es perfekt verstehen, private Ausgaben irgendwo in den betrieblichen zu verstecken. Das Ergebnis: Der Verdienst sinkt, aber dafür sind manche Kosten der privaten Lebenshaltung schon über die betrieblichen Ausgaben abgerechnet.

Private Ausgaben in betrieblichen versteckt

Natürlich ist so etwas unzulässig. Aber wo kein Kläger ist, da findet sich bekanntlich kein Richter. Und wo kein Betriebsprüfer ist, da wird wohl immer ein bisschen bei der Steuer geschummelt.

Die Verdienstmöglichkeiten nicht überschätzen

Also wird auch kaum ein Unternehmer wirklich genaue Auskunft über seinen Verdienst geben. Entsprechend skeptisch muss man auch die Angaben der Existenzgründer zu ihrer Einnahmeentwicklung sehen.

Aber eines ist gewiss: Meist wird dazu geneigt, den eigenen Verdienst als Unternehmer zu überschätzen. Und das kann böse enden.

KALKULIEREN SIE DAS RISIKO FÜR PARTNERSCHAFT UND LEBENSHALTUNG

Warum es wichtig ist, seinen Geschäftspartner genau unter die Lupe zu nehmen, ihm genau auf die Finger zu schauen, sogar Einblicke in sein Privatleben zu gewinnen, habe ich bereits unterstrichen. Dabei handelt es sich ja schließlich um jemanden, dem Sie Ihr Geld mehr oder weniger ausliefern.

Existenzgründung und Privatleben

Aber oft gibt es da noch jemanden, dem Sie ein bisschen ausgeliefert sind und der von Ihren Zukunftsentscheidungen mitbetroffen ist: Ihr Partner, ob Lebens- oder Ehegefährte, womöglich auch noch Ihre Kinder.

Das bedeutet jede Menge Umstellungen, Verzicht, Unsicherheiten, ja sogar Ängste für alle. Da kommt es schon sehr darauf an, dass Ihr Partner zu Ihnen hält. Denn was Sie jetzt auf keinen Fall brauchen können, ist eine Partnerschaftskrise – nicht zuletzt auf Grund Ihrer Selbstständigkeit.

Beruflich wird bei einer Existenzgründung so viel von Ihnen verlangt, dass Sie zeitlich, finanziell und auch kräftemäßig privat oft total ausgepowert sein werden. Streicheleinheiten und konstruktive Hilfe von Ihrem Lebenspartner haben Sie noch nie mehr gebraucht als jetzt.

Das alles lässt sich aber auch vorbereiten (ebenso wie alle anderen Schritte, die ich bisher beschrieben habe).

Fünf Punkte für den Umgang mit Ihrem Partner

1. Beteiligen Sie den Partner bereits im Denkprozess an allen Überlegungen.
2. Halten Sie ihn auf dem Laufenden, was Ihre weiteren Entscheidungen angeht.
3. Lassen Sie ihn möglichst mitentscheiden.
4. Seien Sie ehrlich und offen, wenn es darum geht, dass ab jetzt erst mal weniger Geld in die Kasse kommt und Sie sehr stark beruflich eingespannt sein werden.
5. Machen Sie keine Versprechungen (wie z. B.: »Im Sommer fahren wir aber trotzdem in den Urlaub«), die Sie vielleicht nicht halten können.

Nachfolgend habe ich ein paar Situationen zusammengestellt, die Sie vermutlich kennen. Nehmen Sie die Formulierungen nicht zu wörtlich. Denken Sie dann einfach: »Bei mir war das soundso anders«, und kreuzen Sie eventuell auch mal an, was passieren könnte. Es geht um eine kleine Überprüfung Ihrer Partnerschaft. Wenn Sie hier mogeln, belügen Sie sich selbst. Die geschilderten Situationen beziehen sich auf fest beschäftigte, beruflich aber engagierte Angestellte, wie Sie es bisher waren.

Die Familie wird zu kurz kommen

⚡ Blitztest: Hält Ihre Liebe die Existenzgründung aus?

Situationen in der Vergangenheit	Verständnis, Hilfe, Mitarbeit	Konflikt, keine Unterstützung
1. Sie waren mit Ihrem Partner verabredet. Es kam es etwas Berufliches dazwischen, Sie sagten ab.		
2. Sie sind nicht zum Einkaufen gekommen, der Kühlschrank ist fast leer, Schmalhans Küchenmeister.		

Situationen in der Vergangenheit	Verständnis, Hilfe, Mitarbeit	Konflikt, keine Unterstützung
3. Sie wollten im Urlaub Freunde auf einem Campingplatz besuchen, Ihr Partner lieber ins Hotel.		
4. Ihr Partner hatte Geburtstag, und Sie hatten kein Geschenk.		
5. Sie hatten Ärger mit dem Chef, kamen nach Hause und beschwerten sich ausgiebig.		
6. Der Urlaub fiel aus, weil Sie nicht aus dem Geschäft wegkamen.		
7. Sie waren ohne großen Grund traurig, schlecht gelaunt.		
8. Sie hatten den Kindern einen Kinobesuch versprochen, dann aber doch keine Zeit.		
9. Ein Gespräch mit der Lehrerin eines Kindes stand an. Sie konnten die Verabredung nicht einhalten.		
10. Sie hatten Arbeit mit nach Hause genommen und baten Ihren Partner um Mithilfe.		
11. Ihrem Partner ging es nicht gut, und Sie mussten trotzdem eine Geschäftsreise antreten.		
12. Seit Monaten planten Sie die Silberne Hochzeit der Schwiegereltern. Doch dann bekamen Sie vom Chef nicht frei.		
13. Sie hatten Streit mit einem Kollegen, wollten davon erzählen.		
14. Sie gingen in ein Restaurant und hatten Ihr Geld vergessen.		
15. Zwei Kisten unsortierter Unterlagen auf dem Tisch, die Steuererklärung stand an.		
16. Sie hatten Grippe und mussten trotzdem ins Büro.		

Situationen in der Vergangenheit	Verständnis, Hilfe, Mitarbeit	Konflikt, keine Unterstützung
17. Sie mussten eine bestimmte dienstliche Aufgabe sehr schnell lösen und hatten für nichts anderes Zeit.		
18. Seit Monaten kamen Sie nicht dazu, das Bücherregal im Kinderzimmer anzubringen.		
19. Im Theater erschienen Sie erst zu Beginn des zweiten Akts.		
20. Ihr Auto war kaputt, Sie brauchten den Zweitwagen für einen geschäftlichen Termin.		

Auswertung:

Je öfter Sie »Konflikt« angekreuzt haben,

desto zerbrechlicher ist Ihre Partnerschaft und desto schwieriger werden Sie es wohl in Zukunft haben. Wenn Sie beispielsweise einen Handwerksbetrieb gründen wollen, müssen Sie anfangs damit rechnen, von frühmorgens bis spätabends und möglicherweise auch am Wochenende unterwegs zu sein, und statt mit Vorwürfen wäre Ihnen dann mit Hilfe bei der Buchführung wesentlich mehr gedient.

Hilfe statt Vorwürfe

Je öfter Sie »Verständnis« ankreuzen konnten,

desto mehr wird die Existenzgründung durch die Partnerschaft unterstützt. Da kann man Ihnen eigentlich nur gratulieren und wünschen, dass sich daran nichts ändert. Ihr Partner zieht mit Ihnen an einem Strang und ist auch bereit, zeitweilig auf Sie, das übliche Monatsgehalt und aufregende Wochenenden zu verzichten.

Einen Gegentest mit Ihrem Partner können Sie auch machen. Füllen Sie den Test nur mit Bleistift aus, radieren Sie Ihre Kreuze weg, und lassen Sie den anderen heran. Stellt sich dabei heraus, dass bei Ihnen öfter »Konflikt« und bei

Sich gegenseitig testen und reden

Ihrem Partner stattdessen »Verständnis« angestrichen ist, ist noch nichts verloren. Ihr Partner ist viel verständnisvoller und gesprächsbereiter, als Sie meinen. Also: Reden, reden, reden und an die fünf oben genannten, wichtigen Punkte denken.

Zündstoff für Partnerschaften: das Geld

Angeklungen ist es schon: Wenn es in einer Partnerschaft kriselt, dann auch und oft gerade wegen des Geldes. Womit wir wieder an der betriebswirtschaftlichen Kernfrage angekommen wären: Wie steht es um unsere Verdienstaussichten? Umsatz- und Gewinnermittlung sind da aber nur die eine Seite der Medaille. Viel wichtiger ist eine andere Rechnung,

Monatliche Kosten die Sie aufmachen müssen: Finden Sie heraus, wofür Sie wie viel Geld monatlich ausgeben. Denn nur, wenn Sie wissen, wie hoch Ihre privaten monatlichen Kosten sind, können Sie ermessen, ob Sie auch Durststrecken am Anfang durchstehen können. Wenn Sie nämlich diese privaten Kosten nicht mit dem erwarteten Verdienst decken können, steht Ihre Existenzgründung unter einem schlechten Stern.

1. Lassen Sie sich nicht von Verdienstträumen blenden.
2. Basteln Sie nicht zu lange an der Frage, was für Sie herausspringen könnte.
3. Sondern fragen Sie sich, wie viel Sie mindestens zum Leben brauchen!

Nachdem wir weit in die Zukunft geschaut haben, müssen wir jetzt zurück in die Vergangenheit. Legen Sie Ihr letztes abgeschlossenes Angestelltenjahr zugrunde. Dort müssen

Alte Daten helfen wir Anhaltspunkte dafür finden, wie Ihre finanzielle Ausstattung aussehen muss, damit Sie auch als Existenzgründer einigermaßen über die Runden kommen. Die benötigten Angaben finden Sie zum Teil in den letzten Jahresabrechnungen Ihres Arbeitgebers bzw. in der Steuererklärung. Viel schwerer ist es, die persönlichen Lebenshaltungskosten zu ermitteln.

☑ Rechenmuster: Errechnen Sie selbst Ihren notwendigen Jahresverdienst

Ausgabenbereich	Hinweise	Betrag
Lebensunterhalt	siehe Rechen-muster Seite 118 f.	_____ DM
Miete (privat, Abzahlung für Wohneigentum)	wenn nicht im Lebensunterhalt	+ _____ DM
Versicherungen (privat, z. B. Haftpflicht, Hausrat)	wenn nicht im Lebensunterhalt	+ _____ DM
Kfz-Kosten (privat)	wenn nicht im Lebensunterhalt	+ _____ DM
Altersversorgung (priv. Lebens-/Rentenvers.)	wenn nicht im Lebensunterhalt	+ _____ DM
Zwischensumme Lebenshaltung	(bisherige Posten addieren)	_____ **DM**
Lebenshaltungsreserve	(15 Prozent der Zwischensumme)	+ _____ DM
Gesetzliche Renten-versicherung	(Arbeitnehmer-anteil verdoppeln)	+ _____ DM
Gesetzliche Kranken-versicherung	(Arbeitnehmer-anteil verdoppeln)	+ _____ DM
Einkommensteuer	(aus letztem Steuerbescheid)	+ _____ DM
Ergebnis: Diesen Betrag muss Ihre Firma abwerfen:		_____ **DM**

Wenn Sie jetzt aus dem Stegreif sagen sollten, was Sie monatlich für Ihren Lebensunterhalt ausgeben, wären Sie sicher sprachlos. Niemand weiß das ganz genau. Die Antwort würde immer mit »Über den Daumen gepeilt ...« beginnen. Das Einzige, was diese Situation verbessern könnte, wäre ein sorgfältig geführtes Haushaltsbuch, das seit mehr als sechs Monaten fortgeschrieben wird.

Haushalts-buch

Wenn Sie jetzt erst anfangen, über die Selbstständigkeit nachzudenken, dann fangen Sie am besten auch sofort mit Ihrer privaten Buchführung an.

Zur Errechnung Ihres Lebensunterhalts müssen Sie sehr ins Detail gehen. Die üblichen Kostenverursacher habe ich für Sie zusammengestellt. Fällt Ihnen noch ein zusätzlicher Punkt für Ihren Haushalt ein? Einfach hinzufügen und dann addieren.

☑ Rechenmuster: Was gehört denn nun zum Lebensunterhalt?

Posten	Ihre Kosten
Haushalt: Lebensmittel (mit Tabakwaren/Alkohol)	_____ DM
Miet- oder Wohnnebenkosten (z. B. Heizung, Strom usw.)	_____ DM
Essensgeld (Kantine)	_____ DM
Taschengeld für Kinder	_____ DM
Wasch- und Reinigungsmittel für den Haushalt	_____ DM
Körperpflege- und Gesundheitsmittel, Rezeptgebühren	_____ DM
Kleidung und Schuhe	_____ DM
Reinigung, Schuhreparatur	_____ DM
sonstige Ausgaben (Telefongelder, Briefmarken, Blumen, Imbiss unterwegs)	_____ DM
evtl. Putzfrau, Fensterputzer	_____ DM
...	_____ DM
Kultur: Zeitungs- und Zeitschriftenabonnements	_____ DM
Zeitungen und Zeitschriften (ohne Abo)	_____ DM
Freizeit und Hobby (Theater, Kino, Konzert)	_____ DM
...	_____ DM
Verkehrsmittel: Monatskarten	_____ DM
Auto (Tanken, Waschen und Reparaturen)	_____ DM
Öffentliche Verkehrsmittel (ohne Monatskarten)	_____ DM
...	_____ DM

Posten	Ihre Kosten
Banken: Sparverträge	_____ DM
Kredit- und Leasingraten	_____ DM
Kontoführungsgebühren	_____ DM
…	_____ DM
Sonstiges: Telefonkosten	_____ DM
Rundfunkgebühren	_____ DM
Partei-, Vereins- und Gewerkschaftsbeiträge	_____ DM
Kindergartenkosten	_____ DM
…	_____ DM
Monatliche private Kosten insgesamt:	_____ DM

Kleinvieh macht auch Mist. Sie sehen, da geht eine ganze Menge Geld für den monatlichen Lebensunterhalt weg. Es ist eben doch gut zu wissen, wo Sie stehen, was Ihr Unternehmen abwerfen muss, damit Sie und Ihre Familie sich nicht in Schulden stürzen.

STARTHILFE FÜR IHRE UNTERNEHMENSGRÜNDUNG – AUCH VOM STAAT

Woher nehmen, wenn nicht stehlen. Zu einer Existenzgründung braucht man in etwa 100.000 bis 300.000 DM. Das entspricht fast dem, was ein Eigenheim kosten würde. Und wie bei den eigenen vier Wänden werden Sie kaum die gesamte Summe allein aufbringen können. Rechnen Sie mit etwa 20 Prozent Eigenkapital, und finanzieren Sie den Rest. Sollten Sie über mehr als 20 Prozent Eigenkapital verfügen: Herzlichen Glückwunsch. Sie haben die unter Existenzgründern seltene Möglichkeit, sich ein kleines Notfallpolster zuzulegen. Mit so einer finanziellen Reserve in der Hinterhand sind Sie gerade am Anfang sturmsicherer.

Eigenkapital und Fremdhilfe

Wichtig! Für Existenzgründer gibt es eine ganze Menge zinsverbilligter Finanzierungshilfen. Aber auch da müssen Sie geliehenes Geld zurückzahlen, und zwar mit Zinsen.

Finanzierungshilfen

Förderprogramme	Kreditgeber	Mögliche Kreditsumme	Kreditdauer	Sonderkonditionen
DtA (Deutsche Ausgleichsbank)-Darlehen	Deutsche Ausgleichsbank	bis zu zwei Millionen DM	bis zu acht Jahre	in den ersten beiden Jahren tilgungsfrei, Gesamtlaufzeit: bis zu zehn Jahren
Eigenkapitalhilfe	Infos bei der Existenzgründungsberatung oder über Ihre eigene Bank oder Sparkasse	max. 700.000 DM, keine Sicherheiten – aber kaufmännische Grundkenntnisse	wird bis zu 20 Jahre gewährt	zehn Jahre tilgungsfrei, bis zu drei Jahre zinsfrei, danach steigt der Zins in vier Jahren von zwei Prozent auf Marktniveau
ERP(European Recovery Program)-Darlehen	über die eigene Hausbank	bis zu zwei Millionen DM, bankübliche Sicherheiten	bis zu 20 Jahre	in den ersten drei bis fünf Jahren keine Tilgung nötig
Fördermittel der Länder	alle Bundesländer	zwischen 50.000 und 1,5 Millionen DM	abhängig von den Länderkonditionen	Zinssätze, die erheblich unter dem Marktniveau liegen, für die ersten Jahre zins bzw. tilgungsfrei

Förderpro-gramme	Kredit-geber	Mögliche Kredit-summe	Kredit-dauer	Sonder-konditio-nen
»Meister-BaföG«	Ausbildungsfinanzierung über das Aufstiegsfortbildungsförderungsgesetz (AFBG), Anträge an die Handwerkskammern	bis zu 20.000 DM für Lehrgangs- und Prüfungsgebühren, bei Vollzeitmaßnahmen für Ledige monatlich 1.065 DM (davon 383 DM Zuschuss), für Verheiratete 420 DM, pro Kind 250 DM	maximale Karenzzeit: vier Jahre (das wären max. zwei Jahre Ausbildung, zwei Jahre ohne Rückzahlung)	Wer sich gleich selbstständig macht und im ersten Jahr zwei Angestellte (mindestens vier Monate) beschäftigt, dem wird die halbe Lehrgangs- und Prüfungsgebühr erlassen. Mini-Rückzahlungs-Rate von 250 DM pro Monat. Die Zinssätze liegen unterm Durchschnitt
Überbrückungsgeld	Bundesanstalt für Arbeit für diejenigen, die einen Anspruch auf Arbeitslosengeld haben und es seit mindestens vier Wochen beziehen	monatlich die Höhe des Arbeitslosengeldes bzw. der -hilfe	max. 26 Wochen lang, danach müsste erneut Arbeitslosengeld oder -hilfe beantragt werden (nur bei 7 % der Bezieher der Fall)	Zusätzlich können Zuschüsse zur Krankenversicherung und Altersversorgung beantragt werden. Es wird keine Überprüfung der Eigenleistungsfähigkeit vorgenommen

> **Wichtig!** Bei fast allen öffentlichen Fördermitteln ist es unbedingt erforderlich, erst die Mittel zu beantragen und danach mit dem Start in die Selbstständigkeit zu beginnen. In vielen Fällen können verfrühte Unternehmensgründung, Gewerbeanmeldung oder unterschriebene Kauf- bzw. Leasingverträge dazu führen, dass Sie den Anspruch auf öffentliche Fördermittel und zinsverbilligte Darlehen verlieren.

Die Hausbank ist nicht immer die beste Lösung

Ihre Hausbank- bzw. Sparkasse ist nicht immer der beste Ratgeber. Der Grund: Es kommt für das Geldinstitut natürlich auch darauf an, aus Ihrem Finanzierungsmodell maximales Kapital zu schlagen.

Und das funktioniert natürlich nicht, wenn man Ihnen zu zinsbilligen öffentlichen Zuschüssen rät. Trotzdem: Sprechen Sie auch mit Ihrer Hausbank. Mindestens als Ergänzung zu den Existenzgründungsberatungen kann Ihnen ein solches Gespräch nutzen.

Mischfinanzierung

Außerdem empfiehlt sich für Sie eventuell eine Mischfinanzierung von Ihrer Bank und anderen Förderern.

Bei aller Skepsis Finanzierungsmodellen Ihrer Hausbank gegenüber sollten Sie eines nicht vergessen: Für den laufenden Geschäftsbetrieb werden Sie auch auf Mittel von Geldinstituten nicht verzichten können.

Und versuchen Sie möglichst objektiv an die Frage heranzugehen, ob Ihre bisherige Hausbank, die natürlich auch eine Sparkasse sein kann, tatsächlich die besten Möglichkeiten auch für Ihr Geschäftskonto bietet.

Vergleichsangebote einholen

Sie sollten in jedem Fall die Angebote Ihres Geldinstituts einholen, dazu aber Vergleichsangebote von anderen Banken und Sparkassen besorgen.

Es macht einen Riesenunterschied, ob Sie ein Prozent mehr oder weniger auf so hohe Summen bezahlen, wie Sie sie zur Existenzgründung brauchen. Da kommen ganz schnell bis zu 50.000 DM zusammen, die Sie einsparen können.

Auch Kreditmehrkosten sind Geldbeträge, die Sie zunächst einmal verdienen müssen. Wenn es auch bisher bei Ihrem privaten Girokonto vielleicht nicht so wichtig war, ob Sie wegen ein paar Mark gesparter Kontogebühren oder dem woanders um vielleicht 100 DM billigeren Ratenkredit die Bank wechseln, ab sofort spielt es für Sie und Ihr Geschäft eine große Rolle.

Engpass: Wenn Kunden nicht pünktlich zahlen

Obwohl die Deutschen weltweit als schnell und fleißig gelten, in einem Punkt sind sie es sicher nicht: im Bezahlen von Rechnungen.

Normalerweise vergehen im Wirtschaftsleben zwischen dem Schreiben einer Rechnung und dem Eingang des Geldes auf dem Konto zwei bis drei Monate. Das kann Sie als Unternehmer ganz schön in Schwierigkeiten bringen. Denn Sie müssen auf jeden Fall für die laufende Liquidität Ihres Betriebes sorgen. Das bedeutet, dass Sie auch beim Ausbleiben von Zahlungen, mit denen Sie fest gerechnet hatten, nicht in finanzielle Schwierigkeiten kommen dürfen. *Säumige Zahler*

Natürlich müssen Sie den säumigen Zahler erwischen. Das bringt aber Probleme mit sich. Denn Mahnschreiben und böse Briefe dürfen ja Ihren Kunden nicht verscheuchen. Zum einen wollen Sie weiterhin mit Ihm Geschäfte machen, und andererseits wird man über Ihre Schreiben zunächst nur lächeln, weil es schließlich jeder Kunde so macht.

Um Ihre Betriebskasse also flüssig zu halten, gibt es folgende interessante Möglichkeiten: *Betriebskasse*

> **Kontokorrentkredit**
> Genau wie bei Ihrem Girokonto wird Ihrem Firmenkonto ein Überziehungs- oder Dispositionskredit eingeräumt. In aller Regel wird dabei – wie auch bei Ihrem Girokonto – die Höhe eines Monatsumsatzes zugrunde gelegt. Das können Sie aber mit dem jeweiligen Kreditinstitut frei vereinbaren.
> Dieses Darlehen darf wirklich nur zum kurzfristigen Stopfen von Lücken verwendet werden. Denn natürlich ist der Zinssatz, der für den Kontokorrentkredit aufzubringen ist, relativ hoch.

Das heißt: Auf gar keinen Fall dürfen aus einer Kontoüberziehung Investitionen finanziert werden. Denn der Zinssatz ist erheblich höher als für langfristige Finanzierungsmittel, die man für Investitionen einsetzen sollte.

Wichtig: Da auch hier jedes einzelne Prozentchen zählt, müssen Sie die Konditionen verschiedener Banken und Sparkassen überprüfen.

Lieferantenkredit

»Zahlen Sie gleich, oder soll ich es anschreiben?« Dieser Tante-Emma-Zahlungsmodus ist doch noch nicht völlig aus der Mode gekommen. Mit dem Lieferantenkredit ist also in Wirklichkeit gar kein echtes Darlehen oder ein echter Kredit gemeint. Es wird ganz einfach mit dem jeweiligen Vertragspartner frei vereinbart, dass die Ihnen gelieferten Waren oder die für Ihr Unternehmen erbrachten Dienstleistungen nicht sofort bezahlt werden müssen.

Sie sind statt dessen an ein zu vereinbarendes Zahlungsziel gebunden, welches mit dem jeweiligen Lieferanten oder Dienstleister frei ausgehandelt werden kann. Normalerweise gilt hierfür ein Zeitraum von 30 Tagen.

Es ist aber auch möglich, andere Zeiträume zu vereinbaren, beispielsweise bis zu 90 Tagen. Bei dem höheren Zahlungsziel werden dann aber meist geringe Preisaufschläge verlangt, die als eine Art Zins für längeres Warten auf das Geld zu verstehen sind.

STELLEN SIE EINEN KORREKTEN FINANZPLAN AUF

Es hilft alles nichts: Sie müssen noch mal zurück an den Taschenrechner. Denn:

1. Sie müssen ganz genau wissen, wie viel Geld Sie überhaupt brauchen.

2. Und Ihr künftiger Geldgeber will natürlich auch wissen, was Sie mit seinem Geld vorhaben.

Fünf Jahre kalkulieren

Ganz wichtig dabei ist, dass Sie nicht nur über die Startphase nachdenken, sondern am besten gleich einen Zeitraum von fünf Jahren in Ihre Kalkulation aufnehmen.

Der Finanzplan ist ganz sicher etwas, was Sie mit Ihrem Gründungsberater genauestens durchsprechen sollten, denn er kann bei vielen Summen mit seiner Erfahrung realistischeres Zahlenmaterial liefern.

Die Aufstellung kann natürlich zunächst nur eine vorläufige Kalkulation sein, auf die Sie aber trotzdem keinesfalls verzichten sollten.

Ohne Ihre genauen Einnahmen zu kennen, können Sie bereits drei Posten ermitteln:

1. Kurzfristiger Kapitalbedarf

Das sind die Ausgaben für Ihre Geschäftsgründung, z. B. Waren- und Materialeinkäufe, die sich erst später rentieren werden.

Finanzplan erstellen

2. Langfristiger Kapitalbedarf

Die Grundausrüstung (z. B. Regale, Kasse, Gefriertruhen, Theke etc. für einen Lebensmittelladen).

3. Laufender Kapitalbedarf

Angefangen mit Ihrer Eigenentnahme (die Geldsumme, die Sie zum Lebensunterhalt brauchen), sind mit diesem Posten Mieten, Versicherungsbeiträge oder Löhne gemeint; man spricht in diesem Zusammenhang von den Betriebsmitteln.

Wie viel Geld brauchen Sie sofort und wie viel später?

Gerade die Betriebsmittel sind Kapital, bei dem Anfänger oft viel zu knapp kalkulieren. Sie dürfen in keinem Fall davon ausgehen, dass Sie die laufenden Kosten des Unternehmens sofort nach Neugründung aus den laufenden Einnahmen begleichen können.

Laufende Kosten

Sechs bis zwölf Monate nach Geschäftsgründung werden Ausgaben und Eigenentnahme in aller Regel noch nicht von den Einnahmen gedeckt. Sie brauchen also Finanzmittel, um zuschießen zu können.

Und wieder habe ich Ihnen anhand gewöhnlicher Posten eine Musterrechnung zusammengestellt.

Posten des kurz-, langfristigen oder laufenden Kapitalbedarfs, die bei Ihrem Projekt anfallen, im Rechenmuster aber fehlen, setzen Sie bitte in die Leerzeilen ein.

☑ **Rechenmuster: Kosten, bei denen Sie in Vorkasse gehen**	
Kurzfristiger Kapitalbedarf	
Anmeldungskosten (Genehmigungen, Handelsregistereintrag, notarielle Beurkundungen)	_____ **DM**
Beratungskosten (Vertragsentwürfe z. B. vom Rechtsanwalt, Gründungsberatung)	_____ **DM**
Beschaffungskosten für Einkäufe (evtl. Reisekosten, weil Sie erst mal zu Lieferanten müssen)	_____ **DM**
Eröffnungskosten (z. B. für Werbung, Kataloge, Prospekte, Geschäftspapier, Leuchtreklame)	_____ **DM**
Hilfs- und Betriebsstoffe (vom Gleitöl für die Drehbank bis zu Kleinteilen für Installationen)	_____ **DM**
Installationskosten (für Aufbau von Maschinen, Einrichtung, EDV-Anpassung)	_____ **DM**
Mietvorauszahlung (außerdem Maklerkosten, wenn nicht schon bei Grundstück/Gebäude erfasst)	_____ **DM**
Ware und Material (für die Erstausstattung des Lagers und für den Produktionsstart)	_____ **DM**
...	_____ **DM**
...	_____ **DM**
...	_____ **DM**
Reserve (ganz sicher haben Sie etwas übersehen – kalkulieren Sie zehn Prozent der vorherigen Kosten ein)	_____ **DM**
Kapitalbedarf 1 (Zwischensumme inkl. Reserve)	_____ **DM**

☑ Rechenmuster: Es geht um die Grundausstattung Ihres Betriebes

Langfristiger Kapitalbedarf

Einrichtungen (bewegliche Teile, z. B. vom Schreibtisch bis zum Aktenregal und zur Lampe)	_____ DM
Fahrzeuganschaffung (evtl. inkl. erforderlicher Umrüstungen oder Einbauten, je nach Gewerbe)	_____ DM
Gebäudekauf (inkl. Nebenkosten, z. B. Makler, Notar, Grunderwerbsteuer)	_____ DM
Grundstückskauf (inkl. Nebenkosten, z. B. Notar, Grunderwerbsteuer, Vermessungskosten)	_____ DM
Maschinenkauf und Anschaffung von Geräten (von Anrufbeantworter bis Zange)	_____ DM
Umbaukosten (auch für Mieträume, z. B. Trennwände, Teppiche, sanitäre Einrichtungen)	_____ DM
...	_____ DM
...	_____ DM
...	_____ DM
...	_____ DM
...	_____ DM
...	_____ DM
Reserve (weil bestimmt etwas vergessen wurde – kalkulieren Sie bitte zehn Prozent der vorherigen Kosten ein)	_____ DM
Kapitalbedarf 2 (Zwischensumme inkl. Reserve)	_____ DM

√ Rechenmuster: Ihre Betriebsmittel	
Laufender Kapitalbedarf (alle Kosten für ein Jahr)	
Büro-, Verwaltungskosten (von Porto, Telefon bis zu Heftklammern, Briefumschlägen)	_____ DM
Franchise-Gebühren	_____ DM
Leasingkosten	_____ DM
Miete, Pacht	_____ DM
Mietnebenkosten (z. B. Heizung, Wasser, Energie)	_____ DM
Personalkosten (aber nicht Ihr eigenes Gehalt)	_____ DM
Privatentnahmen	_____ DM
Serviceverträge (z. B. für die Wartung von Maschinen)	_____ DM
Versicherungen (z. B. Betriebshaftpflicht, Produktionsausfall, Vermögensschaden, Feuer usw.)	_____ DM
Zinsen, Tilgungen (für alle Finanzierungen)	_____ DM
…	_____ DM
…	_____ DM
Reserve (kalkulieren Sie wieder zehn Prozent der vorherigen Kosten ein, auch wegen der Außenstände)	_____ DM
Kapitalbedarf 3 (Zwischensumme inkl. Reserve)	_____ DM

Endergebnis dieser drei Tabellen	
Kapitalbedarf 1	_____ DM
Kapitalbedarf 2	_____ DM
Kapitalbedarf 3	_____ DM
Gesamtkapitalbedarf (Summe aus Feldern 1–3 inkl. Reserve)	_____ DM

Wahrscheinlich werden Sie jetzt erst mal die Luft anhalten und dann kräftig durchatmen. Das war aber zu erwarten, denn erst jetzt haben Sie diesen Kostenplan und eine Umsatzplanung in der Hand. Nun lassen sich die finanziellen Seiten der Geschäftsgründung einigermaßen überblicken. Und wenn Sie jetzt schon feststellen, dass alle überschlägigen Rechnungen zu Ihrem Leidwesen übertroffen werden und Sie irgendwo finanzielle Abstriche machen müssen, habe ich auch dazu ein paar Tipps für die Praxis. *(Gesamtkapitalbedarf)*

Hier kann der Rotstift angesetzt werden

Spartipp 1: Nehmen Sie von neuen Maschinen oder Einrichtungen Abstand. Viel günstiger können Sie Ihren Bedarf z. B. aus Konkursmassen abdecken oder gebrauchte Sachen übernehmen. Sie sparen 70 bis 80 Prozent der bei neuen Sachen notwendigen Investitionen. *(Gebrauchte Sachen)*

Spartipp 2: Leasen statt kaufen. Leasen kann man nämlich alles – vom Kugelschreiber bis zum Werkzeugkoffer. Denn die Leasingfirmen sind genau genommen Finanzierungsgesellschaften, die in Ihrem Auftrag die benötigten Sachen (alles nach Ihren Wünschen) kaufen. *(Leasen)*

Spartipp 3: Freie Mitarbeiter und Zeitpersonal statt fest angestellter Kräfte. Gerade in der Anlaufphase müssen Sie nicht alle Schreibtische Ihres Unternehmens ständig besetzt haben. Regeln Sie das lieber nach Bedarf, ohne sich gleich langfristig zu binden. Eine gute Aushilfe kann ja auch später noch zu einer fest angestellten Kraft werden. *(Freie Mitarbeiter, Aushilfen)*

Leasing spart Steuern – aber nur für Unternehmer

Die Leasing-Faustregel lautet: Leasing lohnt sich immer dann, wenn alles verfügbare Geld in Geschäfte gesteckt wird, die so rentabel sind, dass die Mehrkosten für das Leasing gegenüber einem Kauf mit Eigenkapital oder einer Kreditfinanzierung nicht ins Gewicht fallen.

*Beispiele für lohnendes Leasing: Ist das Firmenauto ge-
least, geht es zu keinem Zeitpunkt in den Besitz der Firma
über. Also muss es auch nicht in das zu versteuernde Anla-
gevermögen Ihrer Bilanz aufgenommen werden.*

*Leasingraten und Sonderzahlungen sind als Geschäftskosten
wie eine Miete sofort voll absetzbar, das bringt auch Vorteile
bei der Gewerbesteuer. Wer Betriebseinrichtungen mit einem
Wert von mehr als 800 DM dagegen kauft, kann jährlich nur
einen Teil der Anschaffungskosten absetzen.*

Rabatte

Gerade in der Gründungsphase sind außerdem attraktiv:
Preisvorteile durch Rabatte, die die Leasinggesellschaften als
Großabnehmer bekommen und an die Kunden weitergeben.
Es werden keine Sicherheiten verlangt bzw. gebunden.

Zwischenbilanz – hier stehen Sie jetzt

Nachdem Sie jetzt wissen, wie viel Geld Sie brauchen und
wie hoch Ihr Eigenkapital ist, gehen Sie wieder zu Ihrem
Gründungsberater. Der wird Ihnen helfen, herauszufinden,
aus welchen Töpfen Sie sich am besten bedienen.

Fragen Sie ihn auch nach Sonderförderungen (die ich noch
nicht erwähnt habe). Diese sind häufig nur ausgeschrieben für

Sonder-
förderungen

- bestimmte Regionen,
- bestimmte Branchen oder
- festgelegte Zeiträume,

Ob Sie daraus noch Mittel beziehen können, ist abhängig von:

- dem Füllstand des jeweiligen Fördertopfes,
- der Höhe des Eigenkapitals,
- den Gesamtkosten der Gründung,
- dem geplanten Standort,
- Ihrem jetzigen Wohnort und
- Ihren persönlichen sowie fachlichen Voraussetzungen.

Die Mischfinanzierung – nur ein Beispiel

Alles benötigte Geld aus einer einzigen Quelle zu beziehen
ist ebenso wenig sinnvoll wie wahrscheinlich. Eine gesunde
Basis für Ihr späteres Unternehmen ist eine Mischfinanzie-

rung. Das im Einzelnen zu erklären würde zu weit führen; deshalb nur zwei Beispiele:

1. Finanzierung mit Bank-/Sparkassenkredit:		Misch-finanzierung
Eigenkapital	20 %	
Eigenkapitalhilfe	20 %	
ERP-Darlehen	40 %	
DtA-Darlehen	10 %	
Hausbankkredit	10 %	
2. Finanzierung ohne Bank-/Sparkassenkredit:		
Eigenkapital	15 %	
Eigenkapitalhilfe	25 %	
ERP-Darlehen	20 %	
Landesdarlehen	25 %	
Länderbeteiligung	15 %	

Das sind nur Zahlenspiele: Es geht so und auch ganz anders. Besprechen Sie sich dabei ausführlich mit Ihrem Existenzgründungsberater. Nur der kann Ihnen Ihre ganz spezielle Finanzierung durchrechnen.

Wichtig: Vergessen Sie nicht: Es geht auch gänzlich ohne Bank. Und das wird man Ihnen garantiert nicht ausgerechnet in einer Bank raten!

VERSICHERUNGEN UND FISKUS WOLLEN IHR GELD

Wenn Sie bisher Lohn- und eventuell Einkommensteuer gezahlt haben, machen Sie sich jetzt auf etwas gefasst. Denn wenn Ihr Formular über eine Unternehmensgründung vom Ordnungsamt beim Finanzamt eintrifft, reibt sich einer der Beamten dort heftig die Hände. Jetzt kommen auf Sie Steuerzahlungen zu, von denen Sie bisher nicht mal gehört haben:

Das Finanzamt

131

- **Einkommensteuer** war bisher eher ein Scherz. Jetzt wird es komplizierter: Denn der Reingewinn des Unternehmens, also praktisch Ihr Unternehmergehalt, Ihre Risikoprämie, Ihre Zinsen für das eingebrachte Vermögen, muss versteuert werden.

Steuern über Steuern

- **Gewerbesteuer** muss jedes Unternehmen (mit Ausnahme der Freiberufler) zahlen. Sie ist abhängig vom Ertrag und dem Kapitalvermögen.

- **Körperschaftsteuer** zahlt derjenige, dessen Unternehmen als juristische Person (z. B. GmbH) im Handelsregister eingetragen ist.

- **Lohnsteuer** müssen Sie nunmehr vom Bruttoverdienst Ihrer Mitarbeiter abziehen und ans Finanzamt überweisen (dafür gibt es Tabellen, Sie sind jedoch mit einem Steuerberater oder einem Buchhalter besser beraten).

- **Umsatzsteuer** muss von Ihnen (als Mehrwertsteuer) auf den Gesamtbetrag aller Rechnungen geschlagen und sofort ans Finanzamt abgeführt werden. Allerdings dürfen Sie vorher von dem abzuführenden Betrag die Mehrwertsteuer abziehen, die Sie selbst an andere Unternehmen bezahlt haben (auch hier hilft ein Steuerberater weiter).

Neues Gefühl: Das Finanzamt zahlt Ihnen Geld

Umsatzsteuer

In der Anfangsphase werden Sie mehr Geld ausgeben (für Betriebsausstattungen, Waren-/Materialeinkauf), als Sie einnehmen. Dabei stoßen Sie auf eine tolle Sache, die mit der Umsatzsteuer zusammenhängt. Sie haben ja eben von der Möglichkeit gehört, die gezahlten Steuern von den zu zahlenden Umsatzsteuern abzuziehen. Und das kann zu erheblichen Erstattungen führen:

Beispiel: Sie kaufen Waren im Wert von netto 100.000 DM. Darauf bezahlen Sie 16 Prozent Mehrwertsteuer. Das heißt 16.000 DM. Im gleichen Monat verkaufen Sie aber nur Waren im Wert von 10.000 DM. Darauf müssen Sie Ihre 16 Prozent Mehrwertsteuer als Umsatzsteuer (oder Vorsteuer) an das Finanzamt abführen. Das sind 1.600 DM. Jetzt wird es interessant. Bevor Sie zahlen, rechnen Sie nämlich Ihre zu zahlenden 1.600 DM von den gezahlten 16.000 DM ab. Bleibt ein Fehlbetrag von 14.400 DM in Ihrer Kasse. Und genau den trägt nun das Finanzamt.

Klartext: Sie bekommen nach Abgabe der Umsatzsteuererklärung vom Finanzamt 14.400 DM ausgezahlt.

Sicher ist Ihnen auch schon mal aufgefallen, dass in Katalogen mit dem Zusatz »nur für Gewerbetreibende/Unternehmer« die Nettopreise ganz groß und die Preise mit Mehrwertsteuer so klein gedruckt sind. Das hängt damit zusammen, dass die Mehrwertsteuer ausschließlich vom Endverbraucher bezahlt werden soll.

Mehrwertsteuer

Da Sie als Unternehmer, der eigentlich Waren, Material und Betriebsgüter erwirbt, als solcher für die Registrierkassen anderer Geschäfte nicht erkennbar sind, zahlen Sie die Mehrwertsteuer erst mal. Das Finanzamt gibt Ihnen dann das Geld zurück.

Diese 16 Prozent Mehrwertsteuer können aber auch in Ihrer Betriebskasse gefährlich werden. Es handelt sich eigentlich um Geld, das Sie nur zwischenlagern. Je nach Umsatzvolumen müssen Sie dieses Geld monatlich oder vierteljährlich (nur bei selbstständigen Nebenjobs rechnet das Finanzamt jährlich ab) wieder abführen.

Wichtig: Nehmen Sie diese Weiterleitung der Umsatzsteuer an das Finanzamt bitte sehr ernst. Wenn Sie zu viel Geld aus Ihrer Betriebskasse entnehmen, kommen Sie in Schwierigkeiten, wenn Vater Staat abkassieren will. Und der lässt in diesem Punkt nicht mit sich spaßen!

Die Mehrwertsteuer gehört Ihnen nicht!

Übrigens: Bei hohen Umsatzsteuererstattungen wird das Finanzamt auf Dauer (über die Gründungsphase hinaus) misstrauisch. Sie bekommen dann Besuch vom Betriebsprüfer des Finanzamts.

Diese Versicherungen müssen Sie vielleicht abschließen

Schon für Privatpersonen und Arbeitnehmer gibt es einige Versicherungen, auf die niemand verzichten sollte. Denn es gibt einige Risiken, die im Extremfall existenzbedrohende Folgen haben können. Das heißt, eine Berufsunfähigkeitsversicherung (für Familien am besten mit einer Risikolebensversicherung koppeln), Privathaftpflicht, Hausratversicherung und Kfz-Versicherung sollte eigentlich jeder besitzen. Dabei ist es sinnvoll, sich immer Angebote mehrerer Gesellschaften kommen zu lassen (möglichst genau schreiben, was man will, damit die Angebote vergleichbar sind), denn die Preisunterschiede in den Prämien sind ganz erstaunlich. Manchmal bekommt man denselben Schutz für die halbe Prämie.

Neue Versicherungspflichten und -risiken

Als Unternehmer kommen eine Vielzahl von Pflichten und Risiken auf Sie zu, die für einen Privatmenschen bzw. einen Arbeitnehmer nicht wichtig sind. Sie müssen unter Umständen

- haften, wenn einem Kunden in Ihren Räumen etwas passiert,
- sich davor schützen, dass man Ihr Warenlager ausräumt,
- vermeiden, dass bei einem Totalausfall der Computeranlage Ihr Büro nicht mehr arbeiten kann,
- vorsorgen für den eigenen Ruhestand, denn die gesetzliche Rentenversicherung ist ausschließlich eine Einrichtung für Arbeitnehmer,
- verhindern, dass Sie die Kosten für einen Geschäftsführer nicht mehr bezahlen können, wenn Sie durch Krankheit oder Unfall arbeitsunfähig werden.

Alle eben genannten Risiken kann man durch Versicherungen abdecken. Aber auch hier gibt es nur einige wenige, die unbedingt erforderlich sind und in keinem Fall fehlen sollten:

Geschäftsversicherung

Sie ist so eine Art Hausratversicherung für Gewerbebetriebe, ob Handwerksbetriebe, Einzelhandelsgeschäfte oder kaufmännische Unternehmen, und deckt praktisch dieselben Risiken ab.

Teuer werden kann so eine Geschäftsversicherung (z. T. auch verbundene Betriebsversicherung genannt), wenn es im Unternehmen ein großes Warenlager gibt. Der Versicherungsbeitrag ließe sich dann reduzieren, wenn einfach der Warenwert herabgesetzt wird. Aber: Wer auf diese Weise an Beiträgen zu sparen versucht, kann sich die jeweilige Versicherung auch ganz sparen. Denn durch Falschangaben ist der Versicherungsschutz gefährdet, bzw. die Schadenregulierung wird eingeschränkt – Ihnen ist also mit dem Schummelversuch nicht geholfen.

Verbundene Betriebsversicherung

Betriebshaftpflichtversicherung

Springt ebenso wie die private Haftpflichtversicherung dann ein, wenn unabsichtlich einem anderen Schäden zugefügt werden – durch Sie oder Mitarbeiter. Dieser Vertrag ist unbedingt erforderlich. Allerdings klammert er ein wesentliches Risiko meistens aus – Vermögensschäden (siehe nächsten Punkt).

Vermögensschaden-Haftpflicht

Verbraucherfreundliche Rechtsprechung und eine Vielzahl von Verbraucherschutzgesetzen haben dafür gesorgt, dass Unternehmer für Fehler geradestehen müssen, vor allem zum Schadenersatz in vielen Situationen verpflichtet sein können. Und zwar nicht nur dann, wenn sie direkt den Schaden ausgelöst haben, sondern auch wenn er durch falsche Beratung entstanden ist. Vor den Folgen schützt diese Police.

Schadenersatzforderungen an den Unternehmer

EDV-Versicherung

Wenn Sie auf Computer angewiesen sind, werden diese Anlagen durch andere Versicherungen meist nur unzureichend geschützt.

Beispiel: Ein Blitzschlag in der Nähe kann über das Leitungsnetz Schwankungen von Spannung oder Stromstärke auslösen, die Ihre Festplatten und deren haarfeine Abtaster restlos vernichten können. Dafür zahlt dann nur diese Versicherung.

135

GUTER RAT IST OFT NICHT TEUER, MANCHMAL SOGAR GRATIS

Keine Angst vor dem erhobenen Zeigefinger. Sie müssen nicht mit Besserwisserei und trockenen Vorträgen rechnen, wenn Sie sich an Profis wenden, die Ihnen helfen, Ihre eigene Idee, Ihre Chancen am Markt, Ihre Finanzierungsmöglichkeiten und Fragen der Standortwahl mit Realitätssinn anzugehen. Noch besser: Die Beratung für Existenzgründer ist oft kostenlos. Das gilt vor allem für die Informationsveranstaltungen und Schulungen, die vom Bund, von den Ländern oder von Kammern und Verbänden durchgeführt werden.

Staatlich geförderte Informationsveranstaltungen

Niemand zahlt so schön viele Steuern wie der Selbstständige. Infolgedessen hat Vater Staat ein besonderes Interesse daran, die Selbstständigkeit zu fördern. Deshalb wird aus Mitteln des Bundeswirtschaftsministeriums eine Vielzahl von Informationsveranstaltungen finanziert.

Bei diesen Seminaren geht es um Basiswissen für angehende Unternehmer, das weder in der bisherigen Berufsausbildung noch im praktischen Berufsalltag erworben werden konnte. Unter anderem spielen dabei eine Rolle

● betriebswirtschaftliche Zusammenhänge oder auch

● grundsätzliche Fragen des Marktes und der Konjunktur,

die für Ihre unternehmerischen Entscheidungen von weit reichender Bedeutung sein können.

Diese Informationskurse, Nachmittage oder Abende sind ein erster Schritt, um die eigenen Pläne zur Selbstständigkeit an der Realität zu prüfen. Sie bieten Hilfen zur eigenen Entscheidungsfindung. Hier stellt sich heraus, ob sich der Sprung in die Selbstständigkeit überhaupt lohnt und man das nötige Basiswissen besitzt.

Zuschüsse gibt es auch für Einzelgespräche

Gehen Sie erst mal zu so einer Informationsveranstaltung, denn daraus lassen sich eine Menge weiterführender Schritte ableiten. Oder wussten Sie, dass Einzelberatungen, bei denen nicht mehr allgemeine Informationen im Vordergrund stehen, sondern es detailliert um Ihr eigenes Projekt geht, aus Mitteln des Bundes und der Länder bezuschusst werden? Diese Zuschüsse kann jeder Existenzgründer in Anspruch nehmen, wenn er sie nur rechtzeitig beantragt. Auf die entsprechenden Fristen und die Summen, die für solche Beratungen zur Verfügung stehen, werden Sie bei den jeweiligen Stellen hingewiesen.

Einzelberatung wird bezuschusst

> **Wichtig:** Unter Umständen finanziert Ihnen Vater Staat eine ausführliche Existenzgründungsberatung, die Sie sonst mehrere tausend Mark kosten würde.

Ebenfalls kostenlos bieten auch Banken und Sparkassen Existenzgründer-Seminare an. Fragen Sie doch mal bei Ihrer Hausbank nach. Und vergessen Sie nicht, diese Beratung mit der anderer, weniger an Ihrem Geld interessierter Stellen zu messen.

Existenzgründer-Seminare

☑ Checkliste: Fragen Ihres Gründungsberaters an Sie

Handelt es sich wirklich um ein tragfähiges Geschäftskonzept, das auf Dauer eine Existenz darstellt, oder ist Ihr Plan als Schnapsidee anzusehen?
Sind mit Ihrer Geschäftsidee überhaupt nennenswerte Gewinne zu erzielen?
Lohnt sich vor diesem Hintergrund womöglich geringer Gewinne für Sie das Risiko, in die Selbstständigkeit zu starten?
Sind bei näherer Betrachtung der wirtschaftlichen Situation und der Konjunkturlage die Pläne überhaupt realisierbar?
Beruhen die bisherigen Überlegungen auf richtigen und konkreten finanziellen Grundlagen? Oder wurde mit falschen Zahlen gerechnet und von falschen Voraussetzungen vor allem hinsichtlich des Gewinns ausgegangen?
Sind die persönlichen und fachlichen Kenntnisse sowie der allgemeine Wissensstand ausreichend, um damit einen halbwegs risikolosen Start in die Selbstständigkeit zu begründen?
Sind die Marktkenntnisse ausreichend, und deckt sich Ihre Einschätzung vom Markt mit den allgemein verfügbaren Fakten, die dem Berater zur Verfügung stehen?

Ein guter Berater muss Sie im Zweifelsfall auch mal unter die kalte Dusche stellen und Ihnen klipp und klar sagen, dass Ihre Idee nichts taugt. Das tut weh. Aber nicht annähernd so sehr wie eine selbst verursachte Pleite, für die Sie womöglich ein Leben lang haften.

Ein Berater schärft den Blick für die Realität

Es liegt nicht im Interesse Ihres Beraters, Ihre Ideen ad absurdum zu führen. Er ist – egal, woher er kommt – immer daran interessiert, Sie wirklich in die Selbstständigkeit zu führen. Aber auf einem sicheren Weg und nicht als Kamikazeflieger. Von ersten negativen Beratungserkenntnissen sollten Sie sich jedoch nicht gleich entmutigen lassen. Denn oft bedarf es nur weniger Veränderungen oder geringfügiger Drehungen am Konzept, um aus der Anfangsidee ein tragfähiges Geschäftskonzept werden zu lassen.

Nach dem Start geht es weiter mit Gratis-Ratschlägen

Derselbe Berater oder andere, fachlich weiter spezialisierte Helfer werden Sie auch in den Jahren nach Ihrer Existenzgründung weiter unterstützen – wenn Sie das wollen. Ich rate Ihnen aber dringend, diese Hilfen in jedem Fall in Anspruch zu nehmen. Denn gute Tipps gibt es auch weiterhin zu Sparpreisen: Vater Staat bezuschusst außer der Existenzgründungsberatung auch noch eine längerfristige Existenzaufbauberatung.

Längerfristige Existenzaufbauberatung

Dabei können dann aktuelle unternehmerische Probleme, die sich z. B. mit Organisationsfragen oder auch mit Fragen der Personalführung und -einstellung auseinander setzen, anhand der sich aktuell stellenden Situationen gelöst werden.

Was zeichnet einen guten Gründungsberater aus?

Ein Blick in die Gelben Seiten des Telefonbuchs wäre zwar erfolgreich, aber nicht der sicherste Weg. Unternehmensberater gibt es wie Sand am Meer. Und natürlich haben nicht alle eine weiße Weste. Deshalb empfehle ich Ihnen zuerst einmal, sich von Kammern und Verbänden einige Experten aus dem für Sie in Frage kommenden Bereich nennen zu lassen.

Unternehmensberater

Wichtig! Wenn Sie sich selbst einen Unternehmensberater aussuchen, müssen Sie ihn – wie alle anderen freiberuflichen Helfer – zunächst selbst bezahlen. Später kann diese Beratung zwar eventuell öffentlich bezuschusst werden. Doch erst mal müssen Sie für die Honorare aufkommen (immerhin steuerlich absetzbar!).

Suchen Sie sich Ihren Anwalt

»Ich übergebe die Sache meinem Anwalt.« Schön gesagt. Aber wer hat schon wirklich einen? Juristen werden Sie im Laufe Ihrer Unternehmertätigkeit immer wieder benötigen. Denn Sie werden eine Vielzahl von Verträgen schließen bzw. prüfen müssen.

Langfristig kann es deshalb sogar durchaus sinnvoll sein, mit einem auf den für Sie besonders wichtigen Bereich spezialisierten Rechtsanwalt einen Beratervertrag zu schließen, der den Anwalt dann praktisch zu Ihrer ausgelagerten Rechtsabteilung macht.

Juristische Hilfe

Dies ist vor allem dann wichtig, wenn Sie bei einer völligen Neugründung

- Geschäftsbedingungen benötigen,
- Arbeitsverträge zu entwerfen haben oder auch
- andere standardisierte Vereinbarungen

entwickeln lassen wollen, die Rechtssicherheit in Ihren laufenden Geschäftsbetrieb bringen. Solche Beraterverträge sind oft schon deshalb vorteilhaft, weil damit bis zu gewissen Grenzen auch Anwaltskosten für eventuell zu führende Prozesse abgedeckt sind.

Achtung: Kommt es trotz einer laufenden Beratung durch einen Rechtsanwalt zu Problemen, die auf Punkte zurückzuführen sind, die der Anwalt nicht bedacht hat, sind Sie durch seine Haftpflichtversicherung vor eventuell schwerwiegenden Vermögensschäden geschützt.

Noch ein Mann an Ihrer Seite: der Steuerberater

Schon ziemlich frühzeitig einen Pfadfinder durch den bundesdeutschen Abgabendschungel zu engagieren ist sicher auch kein falscher Entschluss. Denn nur der trockene Fachmann kann Sie rechtzeitig darüber informieren, welche steuerlichen Gestaltungsmöglichkeiten sich angesichts Ihrer persönlichen Pläne als bestmögliche Lösung anbieten.

Steuerhilfe

Sie werden erstaunt sein, was ein Steuerberater (außer Ihre Steuererklärung auszufüllen) noch alles kann. Er wird Sie auch auf die besonderen Vorschriften z. B. bei der Buchführung bzw. bei der Aufbewahrung von steuerlich wichtigen Unterlagen hinweisen.

Matthias Müller-Michaelis ist Wirtschaftsjournalist und Autor
einer Vielzahl von erfolgreichen Sachbüchern und Verbraucher-
Ratgebern mit den Themenschwerpunkten Geld, Recht und Versicherungen. Bücher von ihm wurden bisher in neun Sprachen
übersetzt. Für seine Arbeiten wurde er mehrfach ausgezeichnet.

© 1999 Südwest Verlag GmbH in der
Verlagshaus Goethestraße GmbH & Co. KG, München
Alle Rechte vorbehalten.
Nachdruck – auch auszugsweise – nur mit Genehmigung
des Verlages.

Redaktion: Cornelia Osterbrauck
Projektleitung: Antje Eszerski
Redaktionsleitung: Dr. Reinhard Pietsch
Umschlag: Till Eiden
Herstellung: H + G Lidl, München
DTP/Satz: Fotosatz Völkl, Puchheim
Printed in Italy

Gedruckt auf chlor- und säurefreiem Papier

ISBN 3-517-07844-1

REGISTER